ちほ先生が見た

岐阜人の不思議

大藪千穂

目次

日本一の不思議　47

まえがき

「ちほ先生が見た　岐阜人の不思議」は、岐阜新聞に２０１７（平成29）年４月21日から２０１９（平成31）年３月22日まで、隔週で金曜日に連載していた記事です。初めて生まれ育った京都から出て、岐阜に来た時に感じた何やら不思議な感覚を、できるだけ専門の家計の視点や統計から書いてみようと思い、2年間にわたり続けました。本書は、50回を記念して、これまでの記事をジャンル別にまとめたものです。

毎回、毎回、関心のある内容を思い出して書いていたので、いざジャンル別にしようと思ったら、やたらと食べ物の話が多

いのは、きっと食い意地が張っているせいですね。なので、最初のジャンルは「食の不思議」。そして岐阜人は控えめで自慢しないため、世間に知られていないことが多いのですが、意外に？日本一のものが多い。ということで、二つ目のジャンルは「日本一の不思議」としました。そして三つ目はそんな謙虚な「岐阜人気質の不思議」として、岐阜人の性格に由来する事柄としました。そして最後は「岐阜ならではの不思議」。これなら、全部入るやん！って思うかもしれませんが、土地や自然、立地に由来する不思議としました。イラストは絵が上手で私のことをよく理解しているゼミの卒業生に描いてもらいました。

岐阜人も岐阜人でない人も、「へぇ～！」っと楽しんで読んで、岐阜人は岐阜に誇りを、岐阜人でない人はちょっと不思議な岐阜に、ぜひ遊びに来てください!!

食の不思議

年間喫茶代は全国1位

岐阜に来て23年が過ぎました。このコラムでは、始末屋の京都人から見た「岐阜人の不思議」について書きたいと思います。最初の衝撃からはかなり時間がたっているので、忘れていることもありますが（すでに岐阜人になっている！）、できるだけデータから岐阜人のライフスタイルと価値観を読み解きたいと思います。

最初はやっぱり喫茶店文化から始めましょう。大学の近くに最近また大きな喫茶店ができました（車で来るのが前提というところはさすが）。朝6時から真夜中までやっているのもやはり東海地域ですね。土日の朝になれば喫茶店はどこも満員。同僚にも毎日モーニングをしてから出勤する人も。「コーヒーとパンなら家で食べた方が断然安いやん」と言っても、「モーニングはお得」というだけでなく、あの空間・時間が代え難いとか。これはケチな私からするとなかなか理解できない。

「岐阜人は喫茶店好き」だという感覚が本当かどうかを「家計調査」（２０１５年）のデータから見てみましょう。都道府県庁所在地での外食費は、東京都区部が年間約25万円とやはり一番高く、横浜市、さいたま市、奈良市、京都市、熊本市、名古屋市と続き、岐阜市は8番目で約19万円です。

実は岐阜人の外食好きは今に始まったことではなく、40年前の「家計調査」をのぞいても、京都市、佐賀市に次いで第３位でした。ただし外食は食事代、喫茶代、飲酒代、学校給食に分かれています。肝心の喫茶代ですが、何と岐阜市は全国1位です！

年間喫茶代は1万7202円で、第2位の名古屋市を約５千円も上回っています。しかも1万円台は全国で岐阜と名古屋のみ。３番手にやっと東京都区部が入ってきます。最も少ないのが秋田市の２１８０円です。例えばコーヒー代を３５０円とした場合、岐阜市民は1週間に1回は行っていることになります。「もっと行っているよ！」と思うかもしれませんが、これは平均です。秋田市の人が年間6回しか行かないのに比べると、やはり多いですね。

思った通り、データから見ても岐阜人の喫茶店好きは証明されました。私の感覚は間違っていなかったようです！

（２０１７年4月21日掲載）

土日は作らないの？

家事〝休暇〟、目立つ外食

始末屋京都人から見た岐阜人の不思議の第2回は外食全般です。岐阜市の外食への支出額は「家計調査」（2015年）によると全国第8位です。土日に新幹線での出張からの帰り、岐阜羽島駅から車で戻る途中、道路脇にあるたくさんのお店はいつも車でいっぱいです。その光景を見ながら、「岐阜人は土日、家で食事を作らないの？」と不思議でした。数人の友人に聞くと、「土日は作らない」と言うのです！（この人たちが岐阜代表とは思いませんが）。専業主婦の人も土日は「家事休暇日」だとか。では岐阜人は何を食べているのでしょうか。

2人以上の世帯の岐阜市のエンゲル係数は26・6%と平均より少し低めですが、食費の外食比率は21・8%で平均の18%より高くなっています。前回書いたように、外食の中でも「喫茶費用」が全国1位ですが、「和食」と「寿司《すし》」も全国2位です。「和食」には年間約4万円支払っていて、1位の名古屋市とほぼ並びます。「寿司」は金沢が1位。これは納得。岐阜市は2万円弱でまさかの第2位です。次に全国第4位なのが「ハンバーガー」。これも何とも不思議です。1位は那覇市。某有名ハンバーガーの店舗数を調べても、岐阜市が特に多いという訳でもあ

りません。次に全国で高いのが第6位の「中華食」。これにはラーメン（中華そば）は含まれません。そして「洋食（エスニックも含む）」は全国9位、「日本そば・うどん」は10位です。皆さん、身に覚えはありますか？　これらが岐阜市の「外食費」を押し上げています。

一方、全国の中でも外食の支出額がかなり低いものもあります。「中華そば」と「他の麺類外食」は28位。これはスパゲティやマカロニグラタンなどが該当します。ちなみにあんかけスパゲティが有名な名古屋市は12位です。「焼肉」は全国32位で約6千円。大学の周りは学生が多いせいか、焼き肉屋が多く、ご馳走《ちそう》してあげると言えば、「肉！」という答えが多いのですが、支出額は少なめですね。そして驚くことに下から2番目の46位なのが「飲酒代」です。年間支出額は約1万3千円。車社会なので外ではあまり飲まないのか、高いお酒を飲まないのか？　柳ケ瀬、頑張ってほしいですね。

（2017年5月5日掲載）

寿司好き

海に憧れ？ 回転寿司人気

外食費が高い岐阜市。今回は謎の岐阜人の寿司《すし》好きについて。前回紹介したように、岐阜市の外食の「すし」の支出は全国第2位で年間約2万円です。1位は金沢市。これは納得できますね。北陸だし、近江町市場もあり、カニもブリもあるし…。3位も福井市です。でも岐阜市には海はないのに、何とも不思議な現象です。

以前、「なぜ岐阜は寿司の消費が高いのか」と聞かれて、「海への憧れでしょうか」と苦し紛れに言ってしまったことがありましたが、岐阜人の寿司好きは謎です。

では岐阜人は魚が好きなのか？ これは私の経験に過ぎませんが、生魚を食べられない学生が多いように感じます。食わず嫌いのようにも思えます。時々、沼津の親戚から送ってくるお魚をさばいて学生と食べると、生魚が食べられないと言っていた学生が皆、おいしいとだまされたような顔でパクパク食べるのです。

産地直送は新鮮でおいしいのでしょう。今は物流が発達しているので、山に囲まれた岐阜でもおいしいお魚が食べられますが、あまり生魚を食べる習慣がなかったのかもしれません。

岐阜人の「魚介類」への支出額は年間約6万5千円で全国45位、「さしみ盛り合わせ」も約4千円で35位なので、やはり魚好きとは言えません。40年前の「家計調査」で調べてみると、外食への支出額は全国第3位と今とあまり変わらないのに、「すし」への支出は19位と高くなかったことからも分かります。10年前でも26位と高くありませんでした。2008年は13位でしたが、09年に突然全国1位に躍り出て、その後は1位2位をキープしています。

一体何が岐阜人に起こったのでしょうか。この頃、回転寿司の全国チェーン店が出店してきたり、新たな工夫を凝らした店舗数が増えてきたことがその原因ではないかと思います。これまで敷居が少し高い、大人向けの「寿司」が、娯楽の一つとして家族で楽しむ「すし」に変わったと考えられます。

岐阜県全体ではありますが、すし店数（2014年）は432店で全国で14位です（「都道府県別統計とランキングで見る県民性」より）。いわゆる昔からのにぎり寿司屋は最近はあまり見かけず、平日の昼でも回転寿司のチェーン店に車がいっぱい止まっているのを見ると、やはり楽しみの一環としてお寿司を食べに家族でよく行く、という姿がデータから見えてくるようです。

（2017年5月19日掲載）

中華がおいしい

岐阜と中国「友好の味」

京都から23年前に岐阜に来て意外だったのが、個人経営の中華料理がどこも本格的でおいしいことです。なぜ岐阜で本格中華なのか？と長らく疑問でした。私は2日に1回は中華が食べたくなるほどの「中華好き」です。海外では疲れた胃に「チャイニーズ」は優しく、つい吸い寄せられてしまいます（どんな片田舎でも中華料理店はある！）。

「家計調査」によると、岐阜人の外食費のうち、全国第6位なのが「中華食」（ラーメンは除く）で、2人以上の世帯の年間支出額は約7千円です。この「中華食」は、八宝菜、飲茶、チャーハン、ギョーザに限定しているので、本格中華と言えるのかどうかは疑問ですが。実は1999年までは「他の和・中華食」という分類で、岐阜市は年間約6万6千円で名古屋に次いで第2位でした。「他の和」は、「寿司《すし》」以外の和食を指します。2000年からは「和食」と「中華食」に分かれます。

では岐阜人は中華好きなのか？ギョーザ購入金額は全国31

位。シューマイは23位。家で中華を頻繁に食べているわけでもなさそうです。人口10万人当たりの店舗数(※)は20位なので、これまた多いとも少ないとも言えません。では在日中国人が多いのでは？ナント在日中国人数は4位。古くから中国物産店もあり、留学生がよく利用していると言ってました。この辺りが本格中華と関係していると思われます。

そういえば岐阜公園に「日中友好庭園」がありますよね。調べてみると岐阜県の民間の産業文化使節団は１９５７年に中国を訪問しており、日中国交正常化の10年前の62年に岐阜日日新聞社（現岐阜新聞）社長を団長とする訪問団が杭州市を訪れ、杭州市長と岐阜市長の揮毫《きごう》の碑文が交換され、中日友好の碑が日中友好庭園（89年に造園）に建立されたそうです。

79年には杭州市と友好都市提携をしています。その後、中国展が数回開催されたり、81年からはアパレル関連企業が、中国の研修生を継続的に受け入れています。そして88年には岐阜県と江西省が友好都市提携を結んでいます。

なるほど！本格中華料理店が多いのは、きっとこのような岐阜と中国の古くからの関係にあるとみましたが、いかがでしょうか。

（２０１７年6月2日掲載）

（※は http://todo-ran.com/ 参照）

少ないうどん屋

外食好きで支出は多い

京都から岐阜に来て23年たちましたが、最初、岐阜には「おうどん屋さん」が少ないことが意外でした。最近は、チェーン店が増えてきましたが、家族経営のうどんと丼物を扱う、いわゆる「町のおうどん屋さん」はあまり見かけません。自転車やバイクで走っている出前もあまり見かけません。

私の父は香川県出身なので、朝ごはんはうどんにしょうゆだけをかけてよく食べていたようですが、京都のうどんはフニャフニャなものが多いせいか、食卓では見たことがありませんでした。まだ香川のうどんがそれほど県外に知られていなかった頃、父の田舎からの帰り、お土産にゆでたうどん20玉をもらい、重さで手がちぎれそうになりながら宇高連絡船に乗って帰ってきたのがなつかしいです。うどん屋に行くと、蛇口がいっぱいあって、ひねると出汁《だし》が出てきたのには感動しました。

という訳で、私はうどんが大好きなのですが、岐阜のうどんの硬さには驚きました。みそ煮込みうどんは愛知が発祥のようですが、岐阜に来てすぐに連れて行ってもらい、知らずにわざわざ「硬め」を頼み、後悔しました。

うどんの店舗数は、香川県が人口10万人あたり64軒で堂々の第1位に対して、岐阜は18軒で25位です。ちなみに京都は16位です。２人以上の世帯の生うどん・そば（きしめんを含む）の消費額を県庁所在地別に見ると、高松市がダントツの1位。京都市が5位、岐阜市は31位。乾うどん・そばは38位です。消費量は高松市が年間約30キロなのに対して、京都市が18キロ、岐阜市は10・3キロです。ゆで麺の重さを250グラム、乾麺を140グラムとすると、高松は1週間に2・8玉、京都が1・7玉、岐阜は1玉食べていることになるので、岐阜人は自宅ではあまり食べていないようですね。

しかし、ここからが岐阜人の本領発揮です。以前書いたように、岐阜人は外食好き。「日本そば・うどん」の支出額は、全国で10位です。香川県は、ここでも群を抜いて1位。つまり香川の人は家でも外でもうどんを食べているのがわかります。京都は25位。うどん屋は多いけれど、外食はそこそこで、家で食べているようです。岐阜人は家ではあまり食べていませんが、お店はさほど多くないのに、「外食」をよくするので、必然的にうどん代が高くなっていると推測できます。外食万歳！

（2017年8月11日掲載）

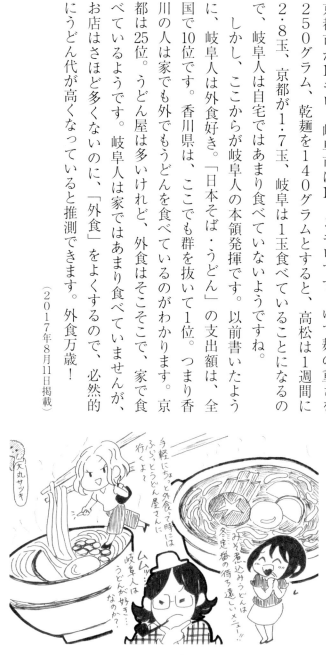

ナント贅沢な日常光景

今回は清流の女王・鮎についてです。「清流長良川の鮎」は２０１５年に世界農業遺産に認定されましたね。鮎は京都では料亭でしか出ません。というか、岐阜に来るまであまり食べる機会はありませんでした。

せっかく岐阜に住んでいるのだからと、長良川沿いにある旅館で毎年1回だけ京都から母を呼んで「天然鮎づくし」（合計11匹！ 食べ終わった後は、多分長良川で泳げます！）という豪勢な食事をするのが唯一の楽しみです。刺し身、塩焼き、魚田、赤煮、鮎ずし、天ぷら、フライ、背越し、甘露煮、鮎しゃぶ、鮎ご飯や鮎雑炊…84歳の母もペロリです。毎年鵜飼観覧船で鵜飼を楽しみ、岐阜県の観光にしっかり貢献しています。昨年はお世話になった先生とも頂いたので、ナント2週間のうちに22匹もの鮎を食べました。1年間は食べなくて大丈夫です…。

長良川や吉田川などの鮎が有名ですが、季節になるとスーパーで売っているのにまず驚きました。木箱入りのものも見かけ

ます。郡上に親戚がいる学生は、「おじさんが釣りをするので冷凍庫は鮎だらけ」と何ともうらやましいことを言うので、「持ってきてよ!!」とせがみ、大学で焼いてもらいました。そのおいしかったこと！ いかに鮎が岐阜人の日常となっているかを知った一コマです。

しかしもっと驚いたのが、学校給食です。数年前に、給食の残渣《ざんし》調査を岐阜市の全小・中学校で実施しました。そこで鮎の甘酢ソースが出たのです。ナント贅沢《ぜいたく》な！ しかし残念なことに、ある小学校では55%が残りました。タッパーで持って帰ろうかと思ったものです。食べ飽きているのか、食べ慣れていないのか？ 子どもに聞くと「骨がついてるから」（当たり前やろ！）。もったいないですね。

消費量のデータはありませんが、岐阜県の天然鮎の漁獲量は全国シェア9・1%で3位です。1位は茨城県、2位が神奈川県です。一方、養殖の漁獲量は愛知県、和歌山県に次いでこれも3位です。天然・養殖の両方に入っているのは岐阜県のみです。岐阜県は「鮎王国復活プロジェクト」で漁獲量と釣り人回復を目指しているようですが、子どもの頃から鮎のおいしさを教え、鮎文化を大事にしてほしいものです。

（2017年6月16日掲載）

うなぎ屋が多い

年間消費量は全国3位

今年の「土用の丑《うし》」も残すところあと秋土用の10月29日のみ。諸説あるようですが、平賀源内が、近所のうなぎ屋に夏場の売り上げ不振対策を相談され、「本日、土用丑の日」と看板を出して大繁盛したのがきっかけとか。今年は少し安くなったとはいえなかなか…。

私はうなぎは好きですが、「うなぎ屋ならどこが好き？」と聞かれてうんちくが言えるほどではありません。ただ母が大のうなぎ好きで、朝食でも「うなぎ食べない？」とお茶漬け用のうなぎが出てきます。サンショウの実で炊いた濃い濃い味のウナギの佃煮《つくだに》のようなもので、京都では日持ちするのでチビチビ出してはうなぎ茶漬けでしめます。

なのでうなぎには慣れていたはずですが、岐阜に来たらさすが清流の国。うなぎ屋が多い。岐阜県は全国でも6位（人口10万人あたり）。「家計調査」から蒲焼《かばや》きの年間消費額を見ると、地域では東海が1位で3505円。県庁所在地では1位大津、

2位名古屋、3位京都、4位大阪、5位奈良、そして6位岐阜で3658円です。養殖量は1位鹿児島、2位愛知、水揚げ量は岐阜10位。県民1人当たりの消費量は、1位大津、2位京都、3位岐阜。どのデータをとってみても、関西と東海のうなぎ好きが分かります。ただタウンページでお店を検索すると、滋賀県30軒、京都府45軒に対して、愛知476軒、岐阜153軒と、これまた外食文化が影響していそうです！

岐阜の蒲焼きは、蒸さず地焼き、腹開きで関西と同じです。パリッと香ばしく、タレも濃いのが特徴です。関東は背開き（武士の街なので、切腹につながるから腹開きを嫌がったとか）で、一度白焼きにしたものを蒸してから再び焼くので淡泊で柔らかめ。

名古屋独特のひつまぶし（最初「ひまつぶし」かと思いました）は、細かく刻んだウナギの蒲焼きをお櫃《ひつ》のご飯にまぶすのが語源のようです。①そのまま②ネギ・わさびと③お茶かだしで。三度おいしいのは、さすがお得感大好きな東海地域ならでは。

岐阜はいずれも名店ぞろいですが、おいしかったのは事前に電話をしておくと、運が良ければ店主が秘密の場所？に沈めた仕掛けで取った天然ウナギを出してくれる本巣のお店でした。「土用の丑」の日にはなかなか食べられませんが、値段が落ち着いた頃を見計らってまた行きたいものです。

（2017年10月6日掲載）

やっぱり
味噌文化

初めての味噌カツ 感激

岐阜の地を初めて踏んだのは、23年前に岐阜大学の面接に訪れた時です。在来線が遅れたので、慌てて名古屋経由で岐阜駅に降り立ちました。何とか大学にたどり着き、ほうほうの体で面接を終え、へこみながら帰りはなぜか岐阜羽島に行き、もうここに来ることはないかもしれないと、駅のレストランで生まれて初めて「味噌《みそ》カツ」を食べました。「おいしい!!」。なんで京都には「味噌カツ」がないのか?? こんなに近いのになぜ味噌文化が入って来ないのか?? と京都に戻り、家族に「味噌カツ」の素晴らしさを訴えていたら、「味噌カツが美味《おい》しいことはよぉ分かった。ほんで面接は?」と痛いところをつかれてしょげたのを覚えています。

その後、ありがたいことに就職でき、そこから怒濤《どとう》の味噌文化に染まることになります。朴葉《ほおば》味噌、味噌煮込みうどん、鶏ちゃん、五平餅、土手煮、味噌おでん、田楽、串カツ…とにかく何でも色の濃い味噌とセットです。

実は卒論では味噌の抗がん性に関心を持ち実験していました。ありったけの味噌を買い込んだので、東海地域が豆味噌文化で、八丁味噌や赤味噌が有名なことは知ってはいました。京都出身だというと、毎日白味噌の味噌汁を飲んでいると思う人もいるようですが、ほとんどが合わせ味噌で、白味噌はお雑煮でしか食べません。懐石料理も最後は赤だしなので、豆味噌にも慣れていたつもり

でしたが、やはり実際に住んでみると、ありとあらゆるところについてくるのには驚きました。

岐阜と味噌の関係をデータからみると、味噌の生産額（出荷額２０１４年）は、愛知が2位ですが、1位の長野県（46％）と愛知県（８・２％）ではシェアに大きな差があります。岐阜は24位なので豆味噌の生産は愛知に集中しています。一方、消費量は愛知38位、岐阜43位ですが、これは生産の８割を占める米味噌だけなので、全ての味噌が含まれる消費金額（「家計調査」）からみても、名古屋市40位、岐阜市45位と、ここからは味噌文化は見えてきません。

多分、東海地域は味噌そのものよりも、１９９５年あたりから販売され、年間１００万本以上出荷すると言われる「かけるタイプ」の味噌加工品の消費が、今や味噌文化を支えているとも考えられます。今後は味噌消費にこれも加えて統計をとってほしいものです。ちなみにとんかつ店舗数は岐阜94軒、京都55軒なので、ここにも味噌カツの影響が…？

（２０１７年7月28日掲載）

「ハツシモ」粒が大きい

岐阜人ならお米は迷いなく「ハツシモ」と思っているかもしれませんが、ハツシモは岐阜県でしかほぼ作られていないので「幻の米」ともいわれています。

もちろん私も岐阜に来るまでは知りませんでした。岐阜に来てすぐ、お米を買いたいと学生に言ったところ、「それならハツシモですね」と言われ、初めは何のことか分かりませんでした。塩タンの仲間？ と思いましたが、11月中旬の「初霜」が降りる頃までじっくりと栽培されるからのネーミングだそうです。漢字の方が分かりやすくきれいな気がしますが…。1950年に品種登録をしてから栽培されています。岐阜県内にはコシヒカリ、たかやまもち、ひだほまれなど多くのお米がありますが、ハツシモの作付面積が最も多く、木曽川、長良川、揖斐川流域で清らかな水と肥沃《ひよく》な土壌のもと栽培されています。

私はお米は（も）あまり詳しくありませんが、「粒が大きい！」というのが第一印象です。それもそのはず、全国でも1位、2位を争う大きさとのこと。そして光っています！ また冷めてもおいしい、お酢に負けないのが特徴で、すし飯にもぴったりです。近所にお米屋さんがないので、最初スーパーで買っていましたが、毎年ゼミ生のうち一人は農家出身、あるいはおじいさんやおばあさんが農業をしているという学生がいて、分けてもらえるのも岐阜ならでは。ただ学生はお米が家でとれるありがたみが分かっていないようで、私が古古米とかを食べていたら、「えーっ新米の季節ですよ」と「ありえん！」という顔で驚かれます。白米はすぐ劣化すると言うと、「玄米のまま

食べてもいいし、その都度精米すればいいんですよ」と、また教えられました。

都市部以外では当然なのかもしれませんが、街のそこら中に精米機があるのにもびっくりしました。見たことも使ったこともなかったので、やり方が分からず、私の前で精米していたおじさんを呼び止め、「一緒にいてください！」と言って不審がられたことも。

また、あられがおいしいのもお米のおいしい岐阜ならでは。私のお気に入りは、これまたゼミ生がお土産にくれた多治見のあられ。素朴なのに食感が軽く、あっという間に一袋を完食。残念ながら岐阜市では売っていないので、通販か東濃に行った時に買いだめしています。一般にあられはもち米で作られるのに、うるち米が使われているのが食感の理由と知りました。

最近は「おじいさんが農業をしなくなったのでお米はもう作っていません」という寂しい連絡が卒業生から入るようになり、かなり残念です。岐阜ならではの「ハツシモ」をぜひ作り続けてほしいものです。

（2018年4月6日掲載）

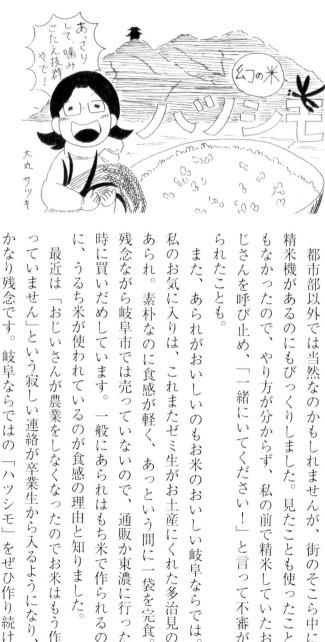

知らなかった「角麸」

脇役だけど売れている

麸《ふ》まんじゅうは、生麸の皮でこしあんが包んであり、笹《ささ》の葉で巻かれていることが多く、生菓子としてよく頂きますし、紅葉、梅や葉の形をしたかわいい生麸も多く、吸い物によく入っています。なので、麸は京都の専売特許かと思っていました。

「麸」の主原料は、小麦粉のタンパク質であるグルテンです。小麦粉に水を入れてこねると、ネバネバになりますよね。これがグルテンです。最初はこれを「麸」と呼んでいたようですが、小麦粉が高級品であったことから、グルテンに小麦粉や餅粉などが加えられて、蒸したり茹《ゆ》でたりしたようです。中国から伝わり、南北朝時代には書物に「フ」と書かれているらしく、すでに日本でも食されていたようです。とくに肉や魚を食べるのが禁じられていた仏僧の貴重な蛋白《たんぱく》源になっていたため、精進料理によく入っているのですね。寺院が多かった京都を中心に広がったとのことで、京都にはお麸のお店が20軒もあります。その後、江戸時代になると、お寺から門外不出の麸が全国に広がり、さまざまな地域で生麸、焼き麸など、独自に発展していったようです。

さて岐阜に来て、学生が麸が好きだというので、そんなに麸を食べる機会があるのかと不思議でした。お弁当を持ち寄って学生と研究室で食べていると、かなりの頻度で何やら茶色か灰色のようなビヨンビヨンと弾力があり、トタンのように波打っている、三角形や長方形の煮物が入っているのです。「コンニャク?」「角麸ですよ〜」「?カクフって何?」「えーっ角麸知らないんですかぁ?」

（学生同士顔を見合わせる…）。ということで、初めて「角麩」なるものを食べました。うーん。多分、これ自体は味も匂いもないけど、いい脇役って感じで他のおいしいところを全部吸っているではありませんか。そしてスーパーに行くと、あるわあるわ。地味で値段も安く、主役ではないのですが、結構売れているようです。麩は京都の名産と思っていましたが、角麩は美濃を

中心に尾張と三重県北部にのみ食されているローカル食材でした！そして安八郡神戸町のふるさと納税の返礼品は麩の詰め合わせ！煮物やすき焼きなどの鍋物に入れるようで、鍋をするので食材買ってきてと学生に頼むと、そっと角麩が忍び込んでいます。今は、肉も魚もふんだんに食べられる時代。でも高タンパク・低脂肪の角麩は健康食品として再び脚光☆というほど華やかではないですが、それがまた角麩らしい。

ちなみに麩の生産量は岐阜県は驚きの全国第2位！（京都は4位）。麩のお店も実は京都より多い23軒です。1位の石川県（19・9％）は加賀麩が有名で最近よく贈答品として貰《もら》うのですが、岐阜県もシェアが18・5％とあまり変わらないので、ここは素朴でいい味出してる角麩を何とかもっと知ってもらいたいですよね。

（２０１７年12月15日掲載）

ハチミツ

近代養蜂の基礎を築く

5月の連休を過ぎると、京都から岐阜へ戻る車窓からの景色は、まるで池がたくさんあるかのよう。田植えの終わった田んぼは、太陽の光が当たって水面がユラユラと輝いています。少し前までは、紅紫色のレンゲが一面咲き乱れていました。最近はレンゲ畑を見ることはめっきり少なくなりましたが、岐阜に来た時、まだいっぱいあり、懐かしさが込み上げてきました。

レンゲ（ゲンゲ）は「郷土の花」に選ばれたそうですが、岐阜県はレンゲ作付面積が日本一だったことがあります。刈り終わった後の田んぼにレンゲの種をまくと、マメ科のレンゲは根に根粒菌（空中の窒素を取り込んで窒素肥料のような形で蓄える）を持っていることから、緑肥として活用することができるのです。もちろんお米にとっても栄養分豊かな土ができるし、ミツバチの蜜源となってきました。

岐阜に来た時、同僚の先生の家が養蜂業を営んでいると聞いてそんな人が身近にいるのかと驚きましたが、それもそのはず、岐阜県は「近代養蜂発祥の地」です！　明治30年代（1897〜1906年）前半から養蜂業を始めた羽島郡出身の渡辺寛氏が、欧米の優良品種の導入や養蜂器具を作成し、養蜂を普及して近代養蜂の基礎を築いたとされています。特に西美濃は昔から養蜂の盛んな地域で、レンゲ蜜を採蜜するために全国から養蜂家が集まってきたそうです。すごいですね。ただし近年、ハチミツは輸入が95％、輸入元のうち7割が中国（レンゲの原産国）です。それでも

岐阜県のミツバチの飼育戸数は366戸で全国4位、ハチミツの生産量は7位で全国シェアは4・3％です。

以前はまだハチがたくさんおり、国産ハチミツも今ほど高くなかったので、同僚に梅ハチミツの作り方を教えてもらって、夏は氷水で薄めて飲み、冬もホットで楽しんでいました。不思議と、お腹《なか》の調子が悪い時にホットで飲むと治るのです。ただ最近は国産の値段が高くて簡単に梅ハチミツを作れなくなってしまいました。昨年、やっとの思いで岐阜のレンゲハチミツを買ったものの、高すぎて、輸入ハチミツとで4リットル瓶を二つ作ったのですが、かき混ぜる時にふたが緩んでいて、よりによってレンゲの方の瓶が下に落ちて割れ、辺り一面に飛び散ってしまいました。もったいなすぎるわ、そこら中がベタベタだわで泣けました。残った方を飲みましたが、安かったせいか水あめが入っていました。岐阜産のハチミツ、私にも手軽に使えるようにハチさんと養蜂業の方に頑張ってほしいです。

（2018年5月18日掲載）

ボリューム満点の和菓子

大福餅など1個で満腹

京都から岐阜に来て、一番悩んだのが和菓子屋さんが少ないことです。無類の豆大福好きの私は、小学生の時、一度に８個食べてお腹《なか》の中で固まってしまい、お医者さんに叱られたことがあります。ちょっと歩けば、家族経営の和菓子屋さんがあります。そこから数歩行くと、また和菓子屋さんがあり、商売大丈夫なんかなぁ、と思っていましたが、お餅メインのところ、主菓子《おもがし》（生菓子）メインのところなど、得意な和菓子の種類が違うので、やっていけるのでしょう。

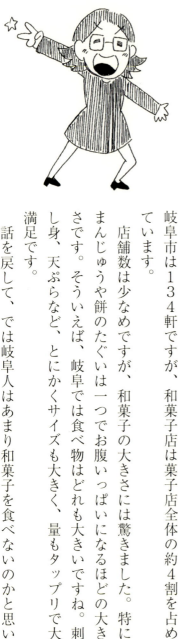

京都は昔から御所、寺社、茶道の家元など、お菓子に関係する所がたくさんあるので、菓子店のうち、５割が和菓子屋さんです。タウンページに載ってるだけでも約５００軒ありました。一方、岐阜市は１３４軒ですが、和菓子店は菓子店全体の約４割を占めています。

店舗数は少なめですが、和菓子の大きさには驚きました。特にまんじゅうや餅のたぐいは一つでお腹いっぱいになるほどの大きさです。そういえば、岐阜では食べ物はどれも大きいですね。刺し身、天ぷらなど、とにかくサイズも大きく、量もタップリで大満足です。

話を戻して、では岐阜人はあまり和菓子を食べないのかと思いきや、「家計調査」の「他の和生菓子」の支出額が全国で金沢市に次いで2位なのです。金沢市は「菓子類全体」でもダントツの1位で、唯一年間10万円超です。さすが加賀百万石。京都は5位。

和菓子は、「ようかん」、「まんじゅう」、「他の和生菓子」に分類されます。「他の和生菓子」とは、大福餅、どら焼き、おはぎ、柏《かしわ》餅、桜餅、串団子、今川焼、たい焼き、最中《もなか》などです。岐阜市は「菓子類全体」は25番目ですが、「他の和生菓子」は約1万5千円（1カ月約1200円）と結構食べてます。

そういえば、大学近くに昔ながらの「あんまき」のお店があります。岐阜大学生協には「岐阜大学」の焼き印が入ったどら焼きが売っています（試験の時期には「単位」の焼き印入り「単位どら焼き」なるものも！　学生からはもらいませんでしたが…）。他の大学のグッズには洋菓子のものが多いので、やはり岐阜人は「他の和生菓子」が好きなんですね。有名な「ふるーつ大福」も時々大学で売っています。そしてこれまたデカイ！

（2017年6月30日掲載）

珍しいソラマメの餡

今年は、いつが初夏だったのか分からないぐらい4月から暑かったですが、初夏になると、「みょうがぼち」という一瞬怖そうな名前の和菓子が9月末ごろまで、美濃の中西部から西部にかけて現れます。最初、同僚に「明日でも、みょうがぼち、どうやね」と言われた時は、夏だけに、「茗荷墓地《みょうが》」という所に肝試しに行くのかと思い、「怖いのは苦手です」と真顔で断っていました。

みょうがぼちは、季節限定の郷土菓子です。「ぼち」は「もち」の方言だそうで、団子の意味だそう。ただし餅ではなく、小麦粉を練って蒸しています。そして中身がソラマメの餡《あん》というから不思議。もともとは、田植えなどの農作業の合間におやつとして食べられていたそうです。この時期に小麦とソラマメが取れて、ミョウガの葉はどこの家の庭や畑にもあり、殺菌効果や防腐効果の意味合いもあって包んだとか。

和菓子の餡はほとんどが小豆なので、ソラマメっていうのがなかなか珍しいと思うのですが、「そらまめぼち」ではなく、巻いてるミョウガが主役のネーミングとは！　これは桜餅とか、かしわ餅の系列ですかねぇ。ソラマメが手に入りにくい時代には小豆餡だった時もあったとか。それがまたソラマメに戻ったところが素晴らしい！　岐阜県のソラマメ生産量は全国19位と多い訳ではないので、いかにも地元の人が農作業の合間に作っていたという感じがいいですね。

ソラマメは塩ゆでしたり蒸したりしてそのまま食べることが多いですが、すりつぶして餡にするというのはあまり見掛けません。エジプトではすりつぶして揚げるというのがありますが、菓子にするのは珍しい。北関東や東北のずんだ餅も枝豆やソラマメを使っていたようですが、最近は枝豆が主流です。ただ、ずんだ餅は枝豆のペーストを餅の上にかけて食べるのに対して、みょうがぼちはソラマメ餡を包んでいるので、これはやはり岐阜ならでは。

枝豆と言えば岐阜には枝豆まんじゅうがありますね。枝豆は岐阜市で販売総額が最も高い農産物で、全国の市町村単位でもトップクラスの粗生産額ということから、枝豆まんじゅうを売り出していますが、みょうがぼちと同様、小麦粉の皮の中に枝豆の餡が入っているので、これは昔からあるみょうがぼちに倣ったのかな。

それにしても、豆を煮て甘くして菓子に使うことを思い付いた人はすごいですよね。餡は、もともとは遣隋使が中国から持ち帰ったそうですが、最初は塩や天然の甘味料である、甘葛《あまかずら》で煮ていたので、きっとこの甘葛で煮たのがおいしかったため、中国から砂糖が入ってきてからは砂糖で煮るという現在の餡になったのでしょう。

みょうがぼちの季節は6~9月ごろとあと少し。せっかくの郷土菓子。「ぼちぼち」いただきましょう！

（2018年8月24日掲載）

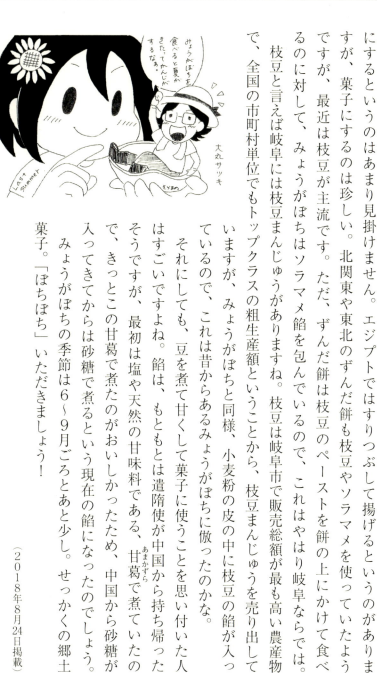

栗きんとん

手間と「愛情」を込めて

「栗きんとん」と言えば普通はおせち料理に入っている、栗の甘煮とお芋さんの餡《あん》（私の家ではサツマイモしか入っていなかった…）を思い浮かべますよね。なのになぜか岐阜で「栗きんとん」と言えば、京都の「栗茶巾」のお菓子のこと。栗だけにビックリ！

それはさておき、「金団」は、金の団子が転じて、金塊や小判を思わせる金運アップの意味からおせちに入れるとのことですが、室町時代の文献では、栗餡を丸めた和菓子のようなものだったそうなので、岐阜の栗きんとんは原型に近いですね。昔から恵那栗がおいしく、栽培農家も多く、余った栗の活用法としてどこの家でも、すりつぶして砂糖を入れたのを餅にまぶしたり、布巾で絞ったりしていたとか。それが栗きんとんとして明治の中ごろ売り出されるようになります。

栗を蒸して、中身を出して、こして、砂糖と煮て茶巾で絞る。岐阜には素材や作り方はシンプルだけど手間が掛かる和菓子が多いですね。せっかちな私には、蒸し栗を食べるのにもかなりの忍耐が必要なのに、それをまた、こして…という気が遠くなる作業。1個200円もするハズです。

最近は全国のデパートで売っているので、「岐阜感」が薄れていますが、栗きんとんは中津川が発祥地の一つとされ、9月から3月ごろまでの期間限定販売のお菓子なので買い求める人で〝栗渋滞〟も起こるとか。中津川は、中山道の宿場町だったことから、京都と江戸の両方の文化が入ってきたり、茶の湯が盛んになり和菓子が広がったり、皇女和宮がご降嫁の際に宿泊され、和菓子を召し上がったことなどから、おいしい和菓子の文化が根付いたのですね。

しかし岐阜人の栗きんとん好きには驚きます。この季節に講演をすると、よく自家製の栗きんとんの差し入れを頂きます。しかもあの薄い包み紙もどうやら売っているらしく、見た目も有名店と全く同じです。「近所のおばちゃんが毎年たくさん作るので」と、岐阜大学の学生から数個もらって、金沢大学に行った時のこと。しらさぎの電車の中でホッコリ、栗きんとんを食べていたら、ラップの塊のようなものが中から出てきました。学生に「おいしかったけど、何か入ってたよ」とメールをしたら、「先生、それアタリですよ！ 20個に1個おみくじが入ってるそうですよ！」という返信が！ えーっっ栗きんとんっておみくじ入れるものなの？ と驚いて、捨てたラップの塊を探して広げると、なんと中に小さい紙が巻かれています。クルクルと紙を伸ばすと、「残念！ ハズレ～」と米粒のような字で書いてあるではありませんか！ なんじゃこりゃあ～しかもはずれって!! 結局、アタリなのかハズレなのかよく分からなかったですが、栗きんとんをゆっくり楽しんでもらいたいという、岐阜人の「栗きんとん愛」を感じたのでした。

（2018年9月21日掲載）

みたらし団子?

醤油味と甘辛味が共存

和菓子つながりで、もう一つ。岐阜に来て、初めて岐阜公園で「みたらし団子」を食べた時、醤油《しょうゆ》??と不思議に思いました。調べてみると、京都発祥のみたらし団子と岐阜県発祥のみだらし団子があるようです。

団子自体は縄文時代から食べていたようですが、室町時代には串にさす団子があったそうです。「みたらし団子」は京都の下鴨神社（葵祭でお昼休憩をする所です）が発祥の地といわれています。祖父母の家が神社の近くにあったので、子どもの頃から「みたらし団子」は甘辛《あまから》のタレで食べるものだと思っていました。串に団子は5個ついていますが、最初の1個は少し離れてついています。諸説あるようですが、神社が行う「御手洗祭《みたらし》」が語源で、鎌倉時代に後醍醐天皇が御手洗池《みたらしのいけ》の水をすくおうとした時に、最初に泡が一つでてきて、続いて四つ泡が出てきたのを模して団子が作られたというわれがあります。ほかには、五つの団子は最初の離れている一つが頭で、あとの四つが体と、人間の体を表しているとされ、厄除けとして神前に供えてお祈りして、家で醤油をつけてあぶって食べたそうです。下鴨神社の近くに今でもある団子屋さんが大正時代に、醤油と黒砂糖で甘辛いタレのみたらしを考案したとのこと。

一方、岐阜県のみだらし団子ですが、醤油味は飛騨地方のもののようです。「みだらしだんご」と濁点が一個多いのが特徴です。串団子に醤油を塗ってあぶり焼きをしますが、高山陣屋の前の屋

台で食べた人も多いことでしょう。京都と高山の関係は、大宝律令の時代からあるので、その頃から言葉や食べ物の交流があったと考えられます。五平餅は甘辛いので、甘いものが嫌いな訳ではないとすると、みたらし団子が醤油味のままなのは、醤油味の時代のものが伝わり、そのまま受け継がれているとも考えられます。農林水産省選定の岐阜県の郷土料理百選を見ると、朴葉味噌《ほおばみそ》などと並んで、ちゃんと醤油味の「みだらし団子」が入っています。

では、岐阜はどちらのみたらし団子が多いのか？ 甘辛タレと醤油味の両方を売っているお店が多いようです。「みたらし団子」がおやつ感覚なのに対して、醤油味の「みだらし団子」は軽食感覚といわれているので、お三時に甘辛の御手洗団子、夕方には醤油味のみだらし団子と2回楽しめるのも岐阜ならでは⁉

（2017年7月14日掲載）

だしの分岐点

関西と関東の中間の味

関西人が関東に行って一番驚くのが、だしの色と味です。特におうどんを食べると、真っ黒のつゆの中からニョロっと出てくる白いうどんは、はっきり言って怖いです…。ご存じのように関西のだしは、かつお節、昆布、カタクチイワシの煮干しなどが使われており、特に昆布だしが主流で、だしの味がしっかりとしています。一方、関東はかつお節、むろあじ節、さば節、昆布、煮干しなどが使われており、香りも味も濃くなっています。

使う醤油《しょうゆ》も異なり、関西は塩分は高いけれど、見た目が薄い薄口醤油。関東は全国8割の流通量を誇る濃い口醤油です。醤油の出荷量を見ると、近畿地方は濃い口が約7割、薄口が3割に対して、関東は濃い口が93%、薄口は6%。一方、中部地方は濃い口が74%、次がたまり醤油13%、薄口6%に白醤油が4%と、何やらいろんな醤油が混在しています。みそ文化の影響からか、たまり醤油はみそに近い作り方で、原料に小麦が入っても少量なことから、独特の濃い色と味です。ただ小麦の割合が多く、見た目が琥珀《こはく》色の白醤油もあるので、やはり中部は関西と関東の中間的存在です。

ところで関西、関東と言いますが、平安時代、京都から東国へ行く時の三つの関（福井の愛発、岐阜の不破、三重の鈴鹿）より東が関東とされていたので、やはり岐阜は関西と関東が混じっている、まさに中部と言えます。

駅のホームの立ち食いうどん（そば？）好きなので、それで地域の食文化を判断することが多いのですが、京都から在来線に乗って、乗り換える米原駅のうどんは関西だしです。大垣駅には今はもうありませんが、以前あったお店は関西風ではないし、関東風でもないつゆだったと記憶しています（ちょっと甘めで色は関西と関東の中間）。なので、もはやここは関西だしではなくなります。さて岐阜駅ですが、意外なことに、立ち食いうどん屋がない！　通勤客が多いのでこんな所でうどんを食べている場合じゃないという感じなのでしょうか。残念。

名古屋駅、新幹線ホームのきしめんには、かつお節がかかっており（関西ではかけない）、甘めで濃いめのつゆですが、関東ほどは濃くありません。ということで、やはり駅の立ち食いうどんからしても、岐阜のだしは、関西ほど薄くなく、はたまた関東ほど濃くもない中間と言えそうです。そして甘い。そういえば卵焼きも甘い！　関西のはだしを入れて作るので塩味。名前も「だし巻き卵」。岐阜に来て卵焼きがデザートのように甘いので驚きました。ただ関東ほど甘くはなく、これも岐阜あたりが分かれ目のようです。

岐阜のだしは、関西と関東の間で、両方の文化が混じり、そして「分岐点」になっている。まさに岐阜ならではですねぇ〜。

（2018年10月5日掲載）

「きつね」と「たぬき」

サービス精神も〝盛る〟

岐阜市の伊奈波神社の近くでおいしい讃岐うどんを久しぶりにいただいたので、再びうどんについて。

通っていた京都の洛北高校は自由な校風で、制服はなく、学食がありました。2時間目が終わると、体育会系のごっつい男子に混じり、大きい声の早いもん勝ちなので「きつねうどん大盛り！」とおばちゃんに叫び、10分の休みの間によく食べていました。2年上の姉いわく「あんたの声が食堂中に響いて恥ずかしいわ」。きつねうどんは1センチ幅に刻んだ甘辛くない油揚げと九条ネギ入り。きつねうどんは大阪発祥とのことですが、大阪のように大きな油揚げでないのは、始末屋京都人ならでは？（舞妓《まいこ》さんのおちょぼ口に合わせた説あり）。ちなみに油揚げ好きで京都府の消費量は全国1位です。

では「たぬき」は？　京都で「たぬき」は、「きつねうどんのあんかけ」（きつねがドロンと化けたとの説も）。ところが大阪のうどん屋に入った時のこと。「きつねそば、ください」と言うと、「たぬきやね」と言われたので、「えっ。お揚げのそばで！」というと、おっちゃんは「たぬきやん」と小声でつぶやき、そしてきつねそばが出てきました。大阪では、うどんがそばに化けたから「きつねそば」イコール「たぬき」だそうで、甘辛い油揚げののったうどんは「きつね」、そばが「たぬき」なのです。分かりにくい！

これでもかなりややこしいのに、関東では甘辛い大きな油揚げがのっているのが「きつね」。「たぬき」を頼んだら、なんと天かす（関ケ原より東は揚げ玉と言うらしい）入り。タヌキだけにだまされたかと思いました。京都で言う「天かすうどん・そば」です。「たぬきそば」は関東のかき揚げそばに由来するそうですが、天ぷらのタネがないのでタネ抜き、タヌキとなったとか（これも諸説あり）。そう言えば某「〇いきつねと〇のたぬき♪」は、きつねうどんと天ぷらそばですね。

では岐阜は？ 岐阜には「冷やしたぬき」というソウルフードがあります。冷たいあんかけ？ と不安でしたが、出てきたそばには甘辛い3×8センチ（憶測です）の油揚げの他に天かすとわさびまでのっているではありませんか！ さすが関西と関東の中間、岐阜。サービス精神にあふれてはいますが、もはや「きつね」なのか「たぬき」なのか、はたまたぶっかけそばなのか…。麺を頼むのがこんなに難しいとは！

（2018年11月2日掲載）

野菜不足

出荷量と消費量にずれ

ＪＲ岐阜駅から高山線で各務原あたりを通ると、やたらと畑の土が黒くなるのが気になっていました。各務原出身の学生に言っても、「え～そうですかぁ」という気のない返事。でも何度通過しても黒い。何が植わっているのかと見てみると、ニンジンでした。

各務原のニンジン出荷量は年間約４千トンで県内一。特に全国でも珍しいのがニンジンの二期作で、春夏ニンジンと冬ニンジンを栽培していて専用の「選果場」まであります。どうりで。ミスかかみがはらの中のミスキャロットになったという卒業生が、ニンジンの格好をしている写真を見せてくれたのを思い出しました！

ただ肥沃《ひよく》そうに見える黒い土は「黒ボク土」という火山性堆積物が有機土壌となった全国的にも有名な土だそうで、強い酸性土壌なため当初は耕作には適さなかったようです。長ニンジンは明治時代から鵜沼地域で作られていたため、土地改良後、「黒ボク土」で短根ニンジンを作ってみると良質なニンジンが生産できるようになったとか。

岐阜県のニンジン出荷量は全国13位でまずまずですが、「家計調査」からみた岐阜市の消費量は25位。これはきっと農家が多いので買わないからかと思っていたら、厚生労働省の「国民健康・栄養調査」（統計を信じたい）によると、岐阜県民の１日当たりの野菜摂取量は男性38位、女性33位（２０１６年）とかなり低いのです。岐阜県は有数の農産物の生産県なのに岐阜人の７割が野菜不

足（嫌い？）とは…。最近農業を仕事として始めた卒業生から、野菜を送ってもらったら甘くておいしかったのに。

京都のスーパーにも岐阜県産の小松菜や雑煮用の祝い大根が並んでいるのはありがたいですが、せっかく新鮮な野菜が身近で取れるのに、ご当地の摂取量が少ないとはもったいない。そう言えば野菜がふんだんにあることに岐阜人は慣れっこなせいか、大根の葉はスーパーでよく捨てられているし、家が農家の学生に野菜を切ってもらうと切り方が大雑把で、廃棄量が多いのに驚いたことがあります。

ということで、岐阜県は2023年度までに野菜摂取量全国1位を目指しているそうですが、愛知県は最下位とかで、どうやら野菜不足は東海地域の特徴のようです。外食が多いので野菜不足になりがちなのでしょうかねぇ。1位は長野県ですが、その差はニンジン1本分の重さ。岐阜人はこれから毎日各務原ニンジンを1本食べて自分の体と岐阜県に貢献しましょう！

（2019年2月8日掲載）

日本一の不思議

岐阜市の消費量、全国一

秋らしくなってきたのでまたもや食材について。岐阜大学に来た日に感動したのが、大学に曲がる道沿いに広がる柿畑です。今はなくなり、コンビニやお店になってしまいましたが、「岐阜に来た！」と実感しました。最近、柿畑が減ってきているのは何とも寂しい限りです。岐阜人の皆さんは柿がある暮らしを「普通」と思っているかもしれませんが、富有柿が路上で「4個100円」などのお値打ち価格で売っていて、心置きなく食べられる所はそうそうありません。それもそのはず、富有柿の原産地は岐阜県で、1857年から栽培されています。

もともと柿は中国が原産地といわれており、生産国第1位は中国（約354万トン）、続いて韓国。日本は第3位（21・5万トン）です。平安時代の書物に既にでてきていたとかで日本人にとっては長いつきあいになります。日本での柿の収穫量は和歌山県、奈良県、福岡県に次いで岐阜県は第4位です。

ただし、消費量を「家計調査」（2016年）から見ると、岐阜市は堂々の全国1位（年間2520円）、2千円台は岐阜市のみで平均の2・2倍です。消費量は0・96キロと平均の3・4倍、2位の鳥取市（600グラム）に比べるとダントツです。ただ学生の話では、「秋になると毎日柿だし」、「柿を隣の家に持っていったら、玄関先で柿の選別をしていて、仕方なくそのまま持ち帰った」という状況らしく、自宅で食べる柿をわざわざ大量に買っているとは考えにくいので、贈答品

として柿を消費しているのではないかと思われます。

近年、柿農家戸数が減少していますが、トルコの友人は日本の柿のおいしさに感動して、是非トルコに輸出したいと連絡してきたほどです。確かに欧米で柿はあまり見かけません。柿の輸出先としては、半分以上がタイ、次いで香港等アジア圏です。実はイスラエル（シャロンフルーツ）やニュージーランド（季節が反対なので）から輸入していますが少量です。

ロンドンやパリの果物屋の軒先で〝ｋａｋｉ〟と書かれて１個３００円ほどで売っていたのを思い出しました。学生も海外に行って柿の有り難みを感じなきゃ。柿は英語でパーシモン（ｐｅｒｓｉｍｍｏｎ）ですが、〝ｋａｋｉ〟で通じます！　岐阜の柿もヨーロッパに出荷するといいんじゃないかなぁ。

（２０１７年9月22日掲載）

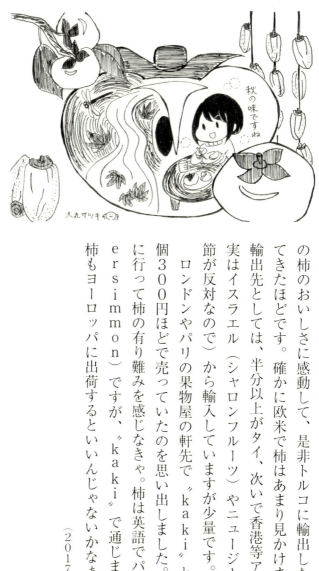

ハム消費額、日本一

明宝と明方「特級」対決

小さい時に1年ですがドイツで過ごしたせいか、ハムやパン好きです。でも最初は岐阜産のハムの存在には気付きませんでした。スーパーで今では珍しくレトロな感じのハムが少し細身の棒状で売っているのには気付いていましたが、岐阜とハムがなかなか結びつかず、デパートで無理してドイツ製のハムを買ったりしていました。ある時ふと「家計調査」を見ると、まさかの岐阜市（県庁所在地別）はハムの消費額が日本一！ 2016年度では、年間7537円の支出で、7千円超えは横浜市のみです。全国平均は5504円。なっなんで？ 横浜市は外国人が多いから？ という気もするのですが。ずっと不思議に思っていました。

4月半ばに、今年は花見をしそびれたと学生と話していると、郡上出身の学生が「郡上ではまだ花見ができます」と言うので出掛けると、「郡上ならこれがお薦め！」とハムとケチャップを紹介されて、ビックリしました。「山菜とかじゃないの？」と思いながら、お土産に買ったのが最初です。でも2種類似た感じのがある…。岐阜人の皆さんにとっては言わずもがな。明宝ハムと明方ハムです。読み方も両方とも「メイホウ」とも読めますが、後者は「ミョウガタ」とのこと。ややこしい。

話を聞くと1953（昭和28）年から郡上郡奥明方村で、村の畜産農家の収入安定と山間地域の食生活の改善を図るために「明方ハム」として作りだしたとか。途中、明方村（後に村おこしに成功したので村の名前も明宝村に。平成の大合併で郡上市になる）が中心に製造している明宝ハムと、めぐみの農協が中心となって製造している明方ハムに分かれるようですが、国産豚肉１００％でともにプレスハムの定義では「特級」です。

ただし昭和30年代にハムはまだ日常食ではなく高級品。贈答用が多く、お中元やお歳暮用のＣＭがよく流れていました。昭和40年代になると食の西洋化が進みますが、ハムと言えば着色料や保存料のオンパレード。そんな中、郡上のハムは、手作業で豚肉の脂肪や筋を取り除き、しかも添加物を極力使わないことから注目され、現在も売り上げを伸ばしています。

先日、郡上で話をする機会があり、磨墨の里公園で明宝ハムとめぐみの農協で明方ハムを買いました。工場見学は１日違いで冬期休止。残念！

１本千円近くするハムですが、ご飯にもパンにも合う！　毎朝食べても飽きません。岐阜人のハム消費額が日本一なのも、このような歴史のたまものなのですね。今は両ハムの詰め合わせが「郡上のハム競演」として販売されています。これは珍しく商売上手！

（２０１７年12月１日掲載）

細寒天

京都の高級羊羹支える

京都では、特別な人へのご挨拶に伺う時は、やはり「とらやの羊羹《ようかん》」を持って行きます。有名な小倉と黒糖味が2本ずっしり入っている杉製の箱に入ってる大きなサイズは、ナント1万2千円也！　高いですね〜。でもおいしいです。母もこればっかりはこちらに回してくれません。京都出身の留学中の友人を尋ねて行く時に、お土産を聞いたら、「さばずしと、とらやの羊羹」と言うので買っていくと、空港で会うなり羊羹をまるでチョコバーのようにむいて、ガブッと食べたのでもったいない！と思いましたが、懐かしかったようです。

虎屋は明治天皇と共に東京にも出店したので東京のものと思っている人もいるようですが、もちろん室町時代に京都で創業された5世紀近い歴史を持つ和菓子の老舗です（京都人にとって東京はあくまで東の京！）。代表格の羊羹は、もともと中国では羊の肉の入ったとろみのある汁物を指します。鎌倉〜室町時代に禅僧によってもたらされますが、禅僧は肉がダメなので

小豆や小麦粉などで羊肉に見立て、江戸時代後期には寒天を使った練り羊羹となったようです。小倉羊羹の原料は砂糖、小豆、寒天です。

そして今回の話はもちろん寒天です。この時期になると必ず恵那の寒天干しがニュースになりますよね。そう、このおいしい羊羹を作り上げているのが、長野と岐阜の細（糸）寒天なのです！これはすごい！そして恵那市山岡町の細寒天は全国生産量の8割を占めています。またもや知らなかった。

しかし寒天の原料はテングサ（天草）。海藻ですよね。両県とも海がないのに何とも不思議です。ところてんは、奈良時代の書物にすでに記されていたそうですが、寒天は、江戸時代に京都の旅館でところてん料理の残りを外においていたら凍結後乾燥したとかで、その後長野や岐阜の寒さ（昼夜の寒暖の差が大きい）と少雨、きれいな水が寒天作りに適していることから、岐阜県では農閑期の副業として1925年から始まったそうです。

岐阜県寒天水産工業組合には最盛期には100社以上が所属していたそうですが、現在は21社。それでも山岡町の細寒天は品質が良いことから、日本一の高級羊羹の原料に使われているのですね。近年は安い外国産に押され気味のようですが、食物繊維が豊富で健康にもいい寒天。最近はその美しさをそのままに、のり巻きのごはん代わりやカレーのトッピング、ラーメンとしても使われているとか。明知鉄道の寒天列車にはまだ乗っていないので、春になったらぜひ羊羹持参で乗りたいものです！

（2018年2月23日掲載）

世界的な刃物産地

関市で修理、キレッキレ

父の仕事の関係で幼稚園から小学校の1年間、ドイツに住んでいたことがあります。その時に使っていたのがゾーリンゲンの包丁やはさみでした。ゾーリンゲンはドイツの中西部に位置する都市で、中世より刃物の街として知られています。その中でもツヴィリングJ．A．ヘンケルス社は有名ですね。ヘンケルスさんが1731年に双子のマークを登録したとのことで、大阪万博で万能料理ばさみがドイツ館で紹介されてから日本ではよく知られるようになりました。デパートでよく売っていますね。今では一人のマークがヘンケルスブランド、双子のマークがツヴィリングブランドになっているようです。

ということで昔からツヴィリングのはさみを愛用していましたが、教材を作る時、磁石つきのゴムをいい気になって切っていたら刃がボロボロのベタベタになってしまいました。シャープナーで研いだら余計ひどくなってしまいました。これはもう使えんなぁと思って放置していましたが、岡山に出張した時にショッピングセンターの中にツヴィリングの直営店があったので、修理してもらえるか聞くと、預かりますと言われました。岡山に住んでいないと言うと、工場に送るというので依頼すると住所を聞かれ、「岐阜なら関に直接送ってもらう方が早い」というではありませんか！

確かに関は刃物が有名だしと思って聞くと、ツヴィリング社は日本の技術の高さに惚《ほ》れ込み、2004年に関の工場を傘下に入れて日本工場を設立していました。ドイツ製かと思いきやバリバリの岐阜産でした。関市は日本の包丁の51％を生産しており、刃物の生産量日本一です。そう言えば「もしものハナシ」という関市ＰＲムービーが面白いですね。結局関の工場にはさみを送ったら、新品のようにキレッキレになって戻ってきました。素晴らしい！

世界で「刃物の３Ｓ」とは、ドイツのゾーリンゲン（Solingen）、イギリスのシェフィールド（Sheffield）と、日本の関（Seki）だそうです。関はご存じのように約７８０年前に刀祖「元重」が関に移り住んで刀鍛冶を始め、日本刀を作ったのが始まりです。中部国際空港や東海北陸自動車道関サービスエリアでは爪切りが海外の人によく売れるそうです。日本にいるとあまり気付きませんが、海外の爪切りは切れない、飛び散る、と散々のようで、アメリカアマゾンの爪切り売れ筋ランキングでも「Seki Edge」シリーズが上位だとか。大学の調理実習でも包丁は関のもの。灯台下暗し。岐阜人は日本ブランドとして関の刃物をもっとアピールしなきゃ！

（２０１７年10月20日掲載）

陶磁器生産日本一

「世界の美濃焼」誇りに

ティーカップの裏に書いてあるBONE CHINA（ボーンチャイナ）。中国産かと思っていましたが、よく見るとBONE。もともとは牛の骨の灰が入った骨灰磁器です。大学時代、イギリスで1年遊学していた時、華やかな食器に憧れて、ウェッジウッド、スポード、ロイヤルウースターの工場見学をしたり、蚤《のみ》の市でお気に入りの小皿を買い集めて、悦に入っていました。

岐阜大学に赴任して、骨董《こっとう》に詳しい先生に「海外の食器は元はと言えば中国と日本の模倣。陶磁器の本場岐阜に来たんだから美濃焼のことをまず知らなきゃ」と言われ、初めて岐阜が日本一の陶磁器の生産地であることを知りました。遅い！

美濃は良質な陶土があるので古墳時代から須恵器が焼かれていたという歴史の古さ。13世紀に中国の陶磁器がヨーロッパに伝わり、17世紀には有田焼が上流階級の装飾品として伝わります。そういえばヨーロッパでお城めぐりをした時に、とても食器とは思えないようなものが飾ってありました。ヨーロッパでは白磁器の主要成分であるカオリンが入手できず、白磁器が作れなかったので、それらをまねて18世紀になって初めて牛の骨の灰を加えることで乳白色のボーンチャイナが誕生します。

岐阜県の陶磁器生産量は日本一でシェアは50％以上です。黄瀬戸、志野（「銘卯花墻《うのはながき》」は国宝！）、織部という名前は知っていたし、それらで抹茶を頂いていましたが、それが岐阜県とは気がつかな

かった…浅はかですね。その後、大学の近くに戦国武将で茶人の古田織部の生誕の地「織部の里」があり驚きました。ゼミ生が卒業式でプレゼントしてくれたのも織部焼の素敵《すてき》なティーカップでした。

多治見に行った時、路地裏の小さなお店の軒先に、大好きな「おさるのジョージ」のスープ皿とスプーンが、印刷がずれてるとかで100円で積んで売っていたのを見た時、本当にここで作っているんだ！と感動して、重かったけれど四つほど買って帰り今も使っています！

そう言えば先日、「国際陶磁器フェスティバル美濃」の開会式に眞子さまがいらしてましたね。これは世界最大級の陶磁器の祭典。多治見市、土岐市、瑞浪市を舞台に3年に1度開催されます。岐阜県には日本どころか世界的に有名なモノがいっぱいあるのに、私が無知なのか、謙虚なのか、宣伝が下手なのか、岐阜県人が気づいていないのか、知られていないことが多いようです。まずは岐阜県人がもっと誇りに思い、自慢してもいいと思います！

（2017年11月3日掲載）

ランプで毎日使いたい

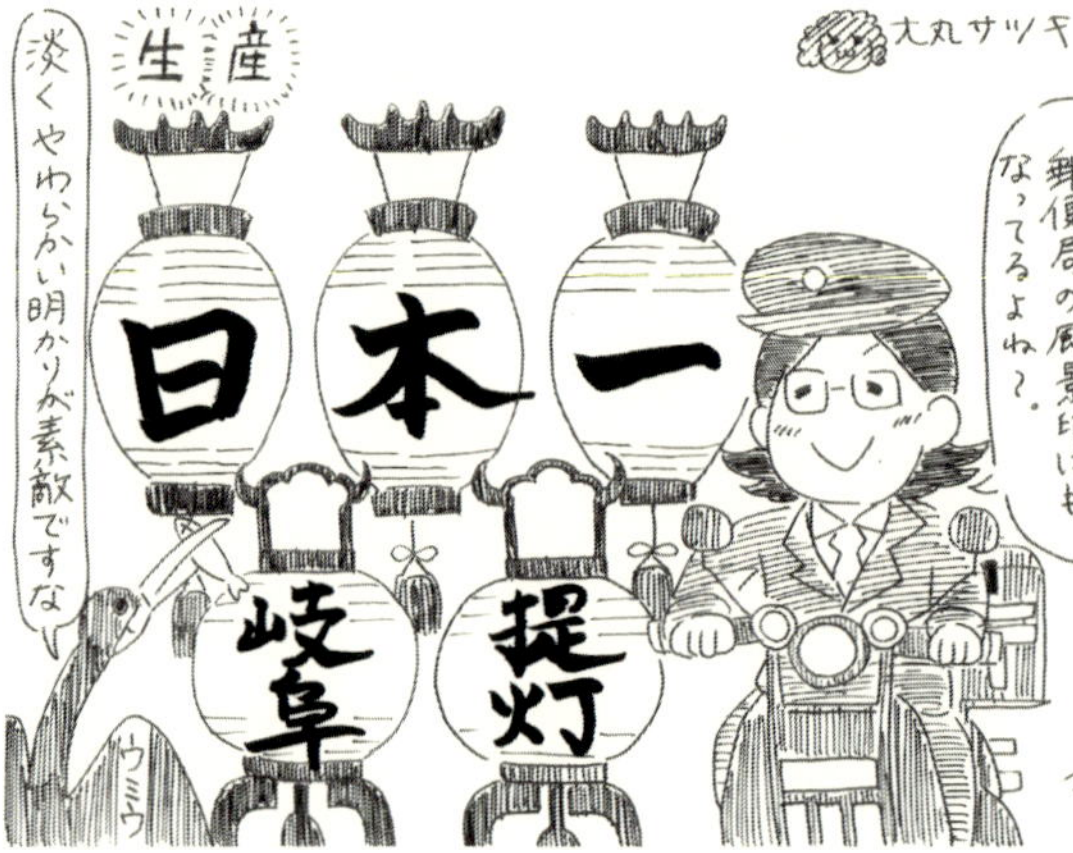

お正月も終わり、ひと月がたちました。学生に聞くと、お正月はおじいさんおばあさん宅に行って、皆でお墓参りしました、とのこと。親戚や家族でお墓参りをするのがお盆やお彼岸だけではないのがいいですね。季節外れですが、お墓参りの話から思い出したのが「岐阜提灯《ちょうちん》」です。

岐阜から京都に向かうJRの車窓から見ると、お盆の頃は、紅白の楽しげなちっちゃい提灯がお墓で鈴なりです。なになに？お墓なのに紅白？岐阜でも西濃地域ぐらいまでの地区限定だそうですが、大学の近くのスーパーの入り口にもお盆の季節になるといっぱい売っています。紅白と白一色（新盆用とか）もあります。しかも70円とかで安い。隣にプラスチック製の棒のようなものも売っています。最初はどこに置くのか知らず、とにかくかわいいので2～3個買って大学の研究室で飾ってたら、岐阜出身の先生が来て、「ここは墓か！」と言われました。お盆の精魂の提灯のようです。

提灯と言えば「岐阜提灯」か福岡の「八女提灯」が有名ですよね。岐阜提灯の基礎ができたのが宝暦年間とのことなので、八女提灯より100年ほど早いことになります。京都はお盆に「岐阜提灯」を飾ります。そして岐阜県は提灯の生産量日本一！ 出ました。またもや日本一。どれだけ日本一があるの？ っていうぐらいたくさんありますね。生産量の4割は岐阜県産。2位が福岡、3位が京都です（※）。福岡も約4割なのでやはり二大生産地ですね。

そしてこの「岐阜提灯」に欠かせないのが「美濃和紙」。良質な和紙と竹とくれば傘！ ということで、岐阜和傘や岐阜渋うちわも有名ですよね。もちろん両方持っています！ ではなくて、今回は提灯の話。岐阜提灯は当初は尾張藩を通じて幕府への献上品だったとか。その後明治天皇が岐阜にいらした時にお目に留まってから全国に知られるようになったそうです。

あの繊細な図柄と優しい明かり。盆提灯として素晴らしいですが、お盆という用途色が強すぎて、毎日のランプとしても使いたいのに、少し使いづらいのが玉にきず。外国人ならきっと気にしないんでしょうね。回転行灯《あんどん》とか色も水色もあったりしてかなり楽しげなのであの形のまま小ぶりでベッドの横に置いて使ったりできるのがあればいいのですが。不謹慎でしょうか…。

（2018年2月9日掲載）

※ http://region-case.com/rank-h26-product-lantern/

美濃和紙

書き損じ 捨てられない

祖父母とも書家で、母は84歳の今も現役で書道を教えて生活しています。そんな訳で、家は昔から紙まるけ（おっと岐阜弁、出てまった！）。

祖父母が書道会を主催していたので、全国から清書が1カ月に1回、審査のために大量に送られてきます。その封を開け、半紙や大きな作品を1週間ほどかけて段級に分ける手伝いを小さい時からしていました。

あまりの紙の量に、私は小学生の時、担任の先生に「うちは紙屋さんです」と言っていたとか。祖母も母も天ぷらの敷紙にはいつも書き損じの半紙の裏を使っていたので、大人になってお店で天ぷらが白い敷紙にのっているのを見た時、「字がない！」と驚きました。

なので、岐阜で紙を漉《す》くことを楽しみにしていました。美濃では1300年前にすでに「美濃紙」がありました。紙の原料は楮《こうぞ》（高級障子紙など）、三椏《みつまた》（お札《さつ》）、雁皮《がんぴ》という木の皮の繊維ですが、美濃は楮の質が優れており、たくさん採れたとか。特に不破郡垂井町あたりで作られた紙が最も古いそうで、正倉院に大宝2（702）年の戸籍用紙として保管されています。その後、中濃に伝わ

り、美濃市で盛んになったそうです。今や本美濃紙はユネスコの無形文化遺産に登録されています。

初めて紙のできる工程を見た時、昔の人は、よくぞ木の皮から平たい紙を作ることを考えたと感動しました。あの工程を考えると、ちょっと書き損じたからといって安易に捨てられないですね。

天然の植物繊維を絡ませるので強く、保存もできます。祖父母の家にも古い紙が大切に保管されていて、上手に保管された紙は、よく乾燥していて書きやすく、「えっ、私ってこんなに字が上手だっけ?!」と錯覚するほどです（滅多《めった》に使わせてもらえませんでしたが）。

そして美濃和紙と言えば和傘が有名です。岐阜市役所南庁舎のショーウインドーに飾ってありますが、以前は売っている場所が分からず、旅館で買いました。

実は日本の和傘の9割は岐阜県で作られており、生産量日本一！ ここにも地味に日本一健在です。みんなの森ぎふメディアコスモスでおしゃれにディスプレーされていたことがありましたね。子どもが多い場所なので、ずっと展示したり、貸出傘として子どもたちに使ってもらえばいいのに！岐阜人は謙虚というか、良さに気付いていないこと多し。

もう一つ、美濃和紙と言えば涼しげな水うちわ。これには薄い雁皮紙が使われています。最初、ホンモノは高くて買えず、セロハンが貼ってあるのを買いましたが、破れてしまいました。数年後、やっとの思いで雁皮紙の水うちわを買いました。水につけて気化熱で涼むと聞いたので、実際やってみると、水がビチャッと顔やら服にかかり、うーん…。思うにこれは、水のような透明感を見て涼むという風流なものなんですね～。

（2018年6月15日掲載）

大垣の枡、生産量日本一

引き出物などで浸透

今年はおめでたい話から。

大垣出身の人と結婚したという卒業生の披露宴に招待された時、引き出物に二人の名前が入った「枡《ます》」をもらいました。ちょっと小洒落《こじゃれ》たお店か、反対に地酒屋さんのような所でお酒を飲む以外、枡でお酒を飲むことはないな、他は節分の豆まき用かな。縁起物とはいえ、変わったものをくれるなぁ、と思っていました。そうこうしていると、また他の卒業生の披露宴でも「枡」が引き出物に出てきました。はやりなのかな？と思っていると、「枡」という名字のアナウンサーが「大垣ます大使」になったという番組を見ました。これまた知りませんでしたが、大垣は枡の生産量日本一！全国の約８割が大垣で生産されており、年間約２００万個の枡が大垣から全国に出荷されているそうです。なるほど!! それで引き出物が枡だったんですね〜。

今では、日常生活で枡を使うことはほとんどなくなりましたが、お酒を入れるとヒノキのいい香りがしますね。日本で使われるようになったのは、１３００年も遡《さかのぼ》るようです。米をはじめ穀物や果物、酒、油など、日常生活でハカリとして使われていましたが、年貢を徴収・収納する時に使う枡（返抄枡《へんしょうます》・収納枡）と支払いや給付に使う枡（下行枡《げきょうます》）とでは微妙に下行枡の方が小さく作られていたりと、大きさがまちまちだったそうです。

その後、天下統一とともに、枡の容量も統一されるようになります。織田信長が当時京都で通用していた十合枡を公定枡と決め、「京枡」と呼ばれるようになります。現在の枡は、江戸幕府が統一規格とした「新京枡」。枡の容量は約1・8リットル。一合枡は約180ミリリットルです。1951年に計量法ができてから、尺貫法は使われなくなりましたが、それでもお酒1合、お米2合とか今も言いますよね。

ではなぜ大垣なのか？ 枡の生産が盛んであった名古屋から枡職人が移り住んだのが始まりとのことです。枡の原料は香りのよい木曽ヒノキ。やはりヒノキの産地が近いという利点が考えられますが、それでも木曽や東濃ではなく、大垣で枡が花開き、生産量日本一、8割のシェアというのが不思議で、お店を覗《のぞ》いてみましたが、こぢんまりとした工場でマスマス分からなくなりました。

最近はおしゃれグッズやお土産用が多く作られているようです。ただやはり枡は計量器。これからお米は枡で量りたいし、職人技でキッチリと作られる量器なので、100cc枡や200cc枡など、古来の容量単位にとらわれず、計量器として料理に使える枡があればいいのに、と思うのは邪道でしょうか。

（2018年1月12日掲載）

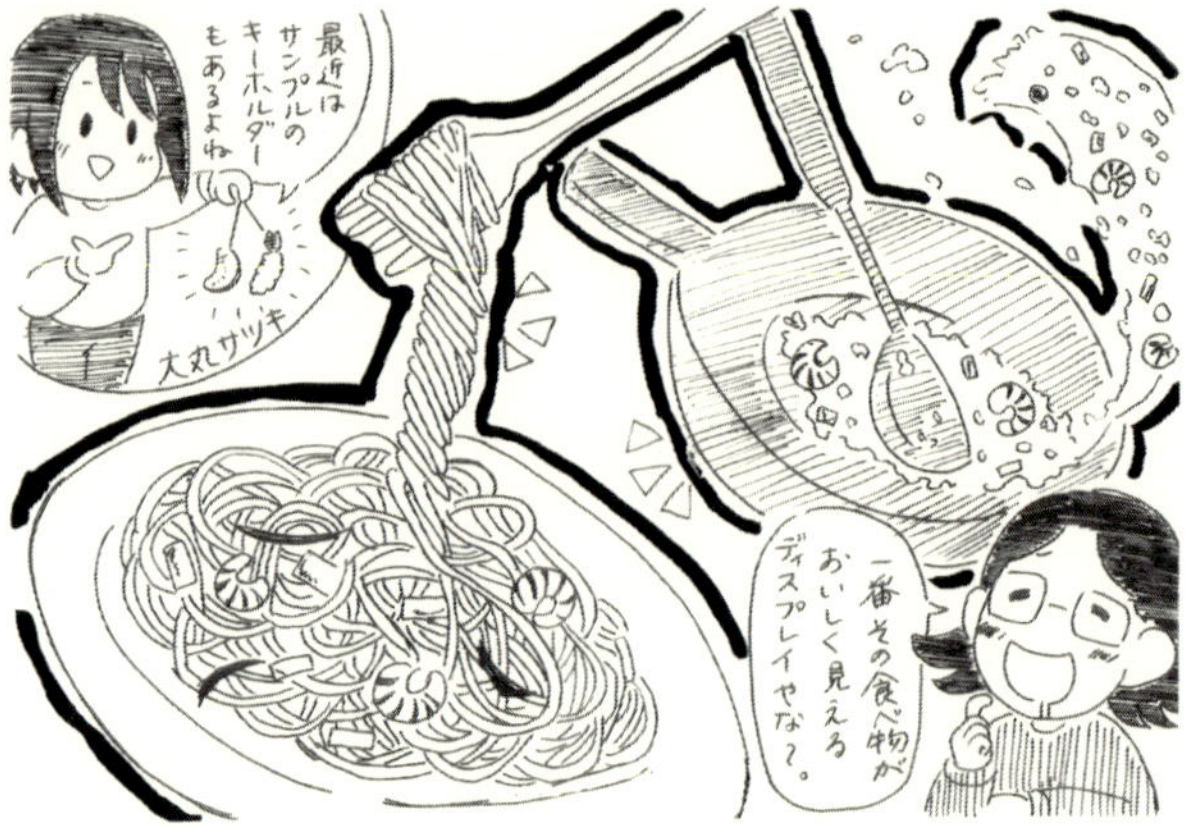

郡上八幡が生産日本一

外国の友人と喫茶店に入り、エビ入りパスタとトマトジュースを頼みました。出てきたのは入り口にあったサンプルとは違ってエビの数が少なめ。でもまぁこんなもん。と思って食べようとしたら、友人がお店の人を呼んで、英語で「サンプルにはもっとエビが入っていた」「トマトジュースは氷はいらないから、サンプルのようにコップいっぱい入れてくれ」と訴えているではありませんか！

はっ恥ずかしい。と思っている間もなく、「チホ、通訳してくれ」と言われ、えーっ日本人はそういうこと言わないし、エビの数はサンプルどおりじゃないって。と心の中で思いつつ、店員さんになぜか謝りながらお願いしました。エビは無理でしたが、トマトジュースは増やしてくれました。友人は帰り際もサンプルを指さし、「見ろ！　エビがどう考えても8匹は乗ってるぞ！」と不満げでした。ただ、サンプルは日本語が読めない外国人にとってかなり助かると感動していました。

海外旅行をすると日本の食品サンプルのありがたさをヒシヒシ感じます。ただサンプルどおりでないこともしばしば。この食品サンプル。生産量は岐阜県、郡上八幡が日本一です。全国シェアの6割をも占めています。びっくり。大阪の千日前道具屋筋、東京の合羽橋道具街で売っているのが有名ですが、元祖が郡上八幡だったとは!!

学生から郡上土産に先生はエビが好きだからと「エビの握り」のサンプルをもらった時に、えっなんで？ 郡上味噌《みそ》とかじゃないの？と不思議に思いました。郡上に連れて行ってもらったら、「サンプル工場でレタス作る？」と聞かれ、何で郡上まで来てレタス作るの？ とこれまた不思議でした。郡上には？ がいっぱい。

なぜ郡上なのか。それは郡上八幡出身の岩崎瀧三さんが幼少時に、溶け落ちた蝋燭《ろうそく》が水面に落ちて白い花のようになったのを見たのが忘れられず、1932（昭和7）年に食品模型を見て企業化を決意し、大阪に岩崎製作所を創立されたからです。すごいですね。食品サンプル自体は大正末期ごろに日本で発明され、まだ事業化されていませんでした。その後岩崎さんが全国展開され、故郷の郡上八幡にも工場を開設し、これがきっかけとなって今は多くの職人さんがサンプル業に携わり、「食品サンプルの町」と言われる地場産業にまで発展したそうです。「本物よりホンモノらしく！」がモットーだそうですが、そのおかげ？ で時々外国人は感謝しつつも翻弄《ほんろう》されてしまうようです。お店の人はサンプルどおりに作ってください!!

（2018年1月26日掲載）

アパレル産業

繊維の出荷、高いシェア

私の祖母は明治生まれのオシャレな人で、お祝い事の時は、家の近くのテーラー（って今では言わない？　仕立て屋さんですね）に連れて行ってくれて、好きな生地を選びなさいと言われ、祖母のデザインで洋服を仕立ててくれました。ウン十年以上も経《た》つのに、その時のスーツやワンピースは今でも特別な時に着ています。そのテーラーには、いつもきれいな生地がいっぱいかかっていて、ある日、お店の人に「こんなにきれいな生地、どこで買うのですか」と聞くと、「岐阜ですよ」との答えが返ってきました。その時は「ギフ？」という感じでした。

京都から赴任して初めて岐阜駅に降りた時、駅前の何やらゴチャゴチャ感がとても気になり何度か歩きました。古びたアーケードの下にかなり小さな洋服店がひしめいていて、アジア的なのに道路に赤いじゅうたんが敷いてあったり。お店の中なのか外なのか、かなり不思議な空間です。どうやらほとんどが業者さん相手の店舗らしく、お店をのぞいても「いらっしゃいませ〜」という感じはありません。そうか。ここがあのテーラーさんが買い付けに来てた場所なんだ！　と、ギフの謎が解けました。

駅前の問屋町は戦後の古着販売から始まり１９４８（昭和23）年ごろからはアパレル産業が始まります。岐阜メード展の開始、岐阜繊維卸センター開設、岐阜アパレルの国際交流と岐阜の産業の中心になります。現在も毎年、ア・ミューズ岐阜が開催され、全国から５００社ものバイヤーが来るとか。ただ近年、繊維工業のシェアは1991（平成3）年は全国4位だったのが、平成27年には8位と低下傾向にあります。

しかしそんな中、岐阜県の「混紡梳毛《そもう》糸」の出荷額は全国1位、「そ毛洋服地」は2位、「その他のそ毛織物」1位、「綿帆布製品」1位と、岐阜は尾州地区の素材を活《い》かし、今でもこの分野で高いシェアを誇っています。そ毛とは、毛足の長い羊毛を引きそろえて紡績するもので、糸の太さが均一、表面は光沢感があり、高級スーツの生地などに使われます。なるほど！ だから生地を岐阜で買い付けていたのですね！

最近はどの都市に行ってもきれいな駅におなじみのチェーン店と、面白みがありません。私は岐阜駅前の昭和的な感じが好きです。京都の錦市場は以前は料亭と地域の人の市場でしたが、今や観光客用になってしまいました。岐阜の問屋町はぜひあのディープな感じを残してほしいです。洋服が手軽に買える時代だからこそ、「一生モノのスーツなら岐阜」として広めなきゃですね。高品質の生地で作った洋服は何十年も着られますから。ただし体形が変わらなければですが…。

（2018年4月20日掲載）

いい服は気持ちをしゃんとしてくれるで！
大丸サツキ

バイオリン

生産量、全国トップ争う

小学生の時、不思議な形のカバン？を得意げに持ち、ピンクのリボンをしたお嬢さまがいました。私もあのカバンを持って歩きたい！と、親に何度もせがみました。それがバイオリンのケースだと後から知ったのですが、音楽家がいない家系なのに、バイオリンをしたいと自分から言い出すとは、この子は天才に違いないと、私の親らしく勝手に勘違いして、専門家に教えてもらうことに。

ただそこからが苦難の連続。というのも絶対音感はないわ、バイオリンのことを家族は誰も知らないわ、先生が人生で会ったことがないほど怖いわで、毎回レッスンの度に母と泣きながら、帰りになぜかラーメンを食べ、慰め合ったものです。音がひどいので、父は「お前が弾いているのは本当にバイオリンなのか？」といぶかっていました。

単にケースが持ちたかっただけなのに、先生が怖過ぎてやめると言い出せず、結局、音大受験までしました。気が弱過ぎです。浪人しても合格しなかったので、先生も諦め（？）、晴れて普通の大学に入学し、以来バイオリンを触らなくなりました。泣きながらラーメンをすすったのに……と、共働きして習わせてくれた母に嘆かれましたが、その先生のおかげで、ちょっとやそっと怒られても全然平気になったのには感謝しています。

それはさておき、岐阜大学にオーケストラがあることを知り、久しぶりに習おうかと調べたら、岐阜にはスズキ・メソードの教室が多かったのに驚きました。名古屋生まれの鈴木政吉氏が１８８７年に初めてバイオリンを作り、日本のバイオリンはスズキから始まります。ご子息の鎮一氏が考案したのがスズキ・メソードで、私は習っていませんが、世界に約40万人も生徒がいるそうです。なぜ岐阜に多いのか調べたら、１９３６年に鈴木バイオリンの本社が恵那に疎開し、その後、恵那楽器として独立したとのこと。バイオリンは通常、職人の手作りですが、ここでは量産しており、全国のバイオリン生産量１、２位を争うというから驚きです。

タウンページのインターネット検索によれば、教室数は東京が２３９と最も多く、愛知は４位。ただ岐阜は生産量が多いのに24位。そして恵那にはスズキ・メソードの教室がないという不思議。こんなに身近で生産しているのにもったいない。６万円くらいから買えるので岐阜人はもっとバイオリンを弾きましょう！（最初はノコギリ音でも我慢我慢）。

（２０１９年１月11日掲載）

旧美山町は「発祥の地」

大学近くに、ついこの間まで工場がありました。最初は何の工場か分からなかったのですが、ある日、新幹線の岐阜羽島駅を出た所に同じ名前の看板があるのを見掛けました（これも今はない）。「えっあの工場？」。よく見ると「faucet」と書いてある。う〜ん。辞書で調べたことはあるけど思い出せない。すると下あたりにバルブと書いてあり、「蛇口か！」。でもなぜ蛇口や弁を岐阜で製造しているのかは分かりませんでした。

その後、京都にも美山（今は南丹市）という地名が山奥にあるけど、岐阜にもあるんだぁと思いながら車で走っていると、一瞬「水栓バルブ発祥の地」という看板を見たような見なかったような。「水栓バルブって発祥する感じのものなの？」と疑問のまま通り過ぎました。後で、旧美山町（山県市）は、「水栓バルブ発祥の地」として有名なことを知りました。鋳造技術がある経営者が第2次世界大戦後に名古屋から故郷美山に戻り、村長や村民の協力のもと、水栓工場を設立したのがきっかけとのこと。その後多くの企業が集まり、全国シェアが山県市はナント約4割。給排水用バルブ・コックの出荷額は岐阜県は全国1位。これまた不思議なところで1位がありましたね！

岐阜県は水力エネルギー量も全国1位なので、やはり水がらみということでしょうか。そう言えばJR高山線で高山に行く途中、山肌に管がいっぱいありますが、水力発電の送水管だと聞いてこんなにたくさん！と驚いた記憶があります。豊かな水を大切に蛇口でキュッと届けたい岐阜人魂

ですね。

アパート近くの工場では、1966（昭和41）年にすでに「壁付混合栓」（水とお湯のハンドルがあり温度調節できる）、67年には「壁付シャワー」を発売しています。それがどうした！と思うかもしれませんが、これが大切。イギリスに滞在していた学生時代、大学の寮のお風呂は、バスタブだけがポツンと置いてあり、シャワーもなく、しかも水とお湯の蛇口が別々でバスタブぎりぎりに付いていました。お湯をためてもなかなか深くならず、湯おけもないので髪が洗えない。蛇口に頭を無理やり押し付けても、狭くて入らないし、熱湯が出るのでヒィ〜。仏人の友人にどうやって洗えばいいか聞くと、「潜ればいいんだよ！」。もはや意味不明です。この時ほど混合栓とシャワーのありがたさが身に染みたことはありません。水栓バルブ発祥の地、万歳！

（2019年3月8日掲載）

岐阜人気質の不思議

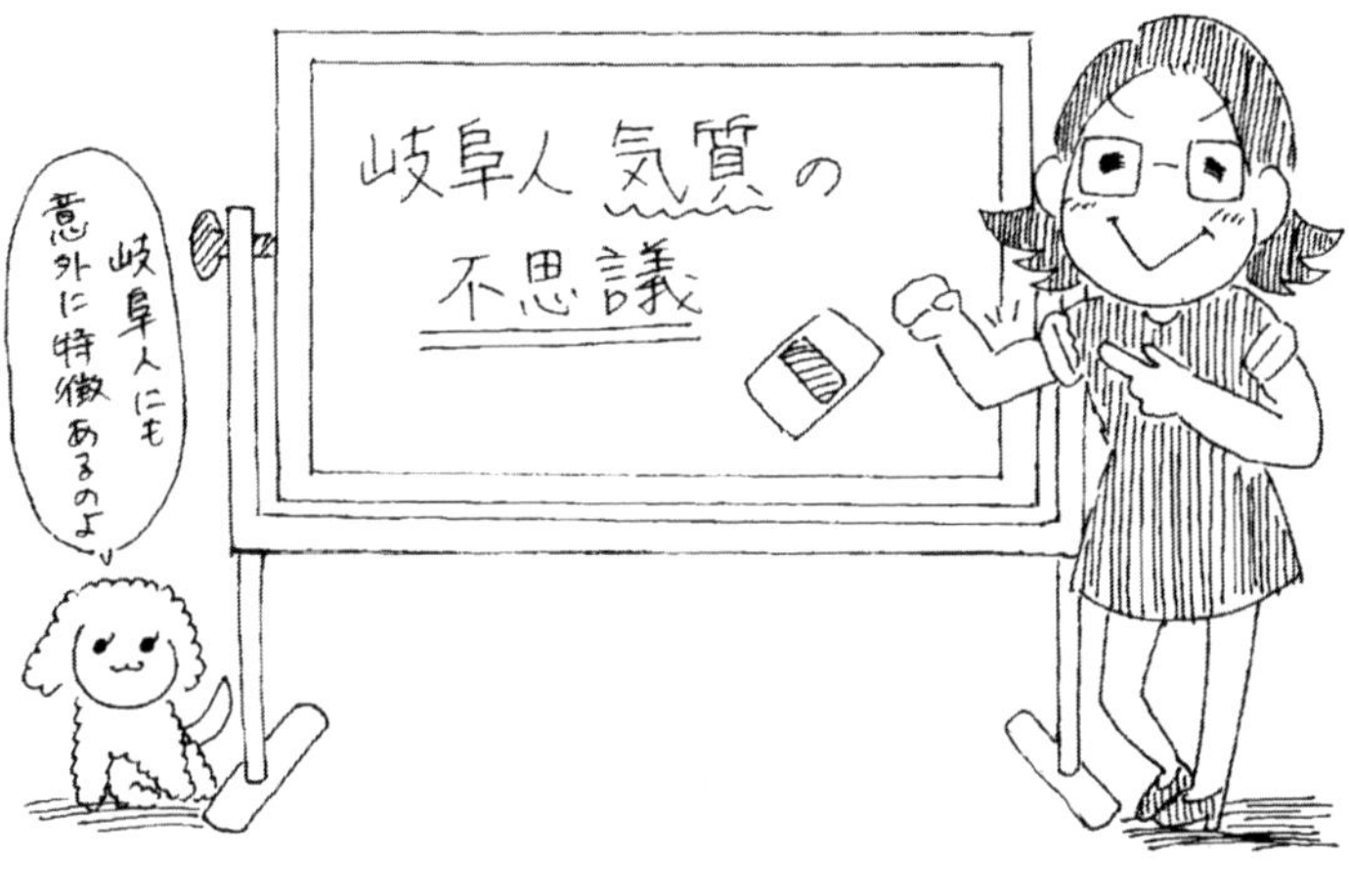
岐阜人気質の
不思議
岐阜人にも意外に特徴あるのよ

ワンテンポ遅れる反応

岐阜人と話して何となくずっと感じていたのが、①関西人にやさしい ②話にツッコまない ③そしてボケない ④話のオチをあまり気にしない ⑤笑いのタイミングがワンテンポ遅れる…です。ごめんなさい。悪口じゃないです。関西人は小学生の頃からすでにしゃべくりの訓練を結構受けています。「昨日、家族で角のうどん屋行ったで」「へぇ何食べたん？」「天とじうどん」「えらい豪華やな。ほんで？」「えっおいしかった」「なんやそれ。小学生の作文か！」（小学生なんやけど…）「ただの自慢やん！」「オチのない話すんな！」と散々です。そうやって日々育ってきました。

岐阜は、土地も作物もタップリあるので、「笑いをとって、安く買ってなんぼ」（健康診断で値切って看護師さんに怒られたことも…）の気迫で過ごす必要もなく、ゆったりと暮らせるのだと思います。岐阜人はとても温かく話を聞いてくれます。これは岐阜県民の特徴の一つだと思います。

岐阜の人口移動は外国人の転入以外では、1995年まではほとんどなく、それ以降は大学や結婚による転出が進みますが、これも東海地域が半分。転入はほぼないので、他地域の人との軋轢《あつれき》が少ないと言えます。また若い時に東海地域以外の人と会う機会が少ないので、大学生にとって、私は初めて接する生の関西人なのかもしれません。テレビでは見たことがあっても、実際にツッコむことはあまりないのでしょう。結構真面目に講義しているつもりでも、講義後のリポートによく「漫談を楽しめた」「講義の合間の小噺《こばなし》がよかった」（ほめてる？）と書かれていたり、ある時は女子学

生が悪気なく、編み物をしながら笑って講義を聞いていたので、「テレビちゃうで！」と注意したことがあります。

そして笑いのタイミング。落語や漫才はオチがくるのを知っているので注意して聞いていますが、講義は90分もの長さ。サラリとオチを言ってもほとんど笑ってくれません。岐阜では受けないか、と次の話に進もうとすると数人がクスッと控えめに笑っています。そしてその学生に「何何？」って聞きそびれた学生が聞いてさざ波のように笑いが続きます。時間差がありすぎて進めにくい！　最近は「ここ、笑うとこやで」と注意喚起してあげています。そしてかなりの基本ネタでも笑ってくれます。

そんな岐阜人のやさしさもいいのですが、時々昔の友人に会った時に「おもろなくなったで」といわれては…老けたと言われるよりツライと、毎日テレビを見ては一人ツッコみ、インフルでしんどい時も鼻をかみながら「脳みそ溶けてるんかいな！」と苦行を続ける毎日です。岐阜人の皆さん、私にツッコんでください！

（2018年3月9日掲載）

かわいい言葉、ほっこり

たわけ〜、草まるけ、やっとかめぇ、えか？　岐阜弁は何だかかわいい言葉が多いですね。ずっと岐阜弁について書きたかったのですが、専門家ではないので躊躇《ちゅうちょ》していました。

最近は岐阜を舞台とした映画の影響からか、岐阜弁が注目されてます。京都から在来線に乗って米原で乗り換えると、乗客の言葉がガラリと変わります。特にアクセントの位置が違い関東っぽいです。関ケ原、垂井あたりが境のようです。ただし岐阜弁と言っても地域によってかなり異なります。文法や語彙《ごい》は関西に近く、アクセントは東京式というのはやはり日本の真ん中に位置するからですね。

岐阜に来てすぐに着物の着付けを近くの年配の女性に習ったのですが、最初の頃は何が何だか理解できず、何度も聞き返しながらで、着付けはあまり上達しませんでしたが、おかげさまで岐阜弁にはだいぶ慣れました。ただ同年代の人でも「〜してござる」と言うのを聞くと、「武士⁇」って思ったりします。

学生に比べると私の岐阜歴の方が長くなってきたので、もう岐阜人になったかと思いきや、やはり小さい頃からの体験と経験にはかなわず、いまだに学生に教わることばかりです。びっくりしたのが、「私、昨日名古屋に買い物にいったんやて〜」。「〜やて」というのは、関西では「〜らしいよ」というニュアンス。自分のことなのになんで他人事なんだろうと思っていましたが、東海ではこの使い方をよくしますね。「たわけ」に至っては「たわし」が飛んでくる錯覚に陥ります。でも関東の「バカ」に比べると愛らしいです。

私はおしゃべりなので感化されやすく、幼少の時、ドイツに行ったとたん次の日からドイツ語になり、アメリカに寄ったら英語になり、日本に着いたら全て忘れて日本語になってしまい、親がもったいないと嘆いていました。家の中でも母が東京人なので標準語、家の外では京都弁とバイリンガル（？）。真似《まね》は得意なのですが、岐阜弁は結構難しい。というのも、高山に行くと「おおきに」って聞こえたりと、関西弁に似ている言葉も多く、今となっては関西弁なのか岐阜弁なのか分からなくなってしまいました。なのにアクセントは東京風なので関西人にとって岐阜弁はハードルが高いのです。ただ今では「～しとった」、「してまった」「～やで（て）」とか普通に言ってる自分に笑えます。言葉はその人のアイデンティティー。岐阜が日本の真ん中に位置するということは、関西、関東の影響を受けやすいということですが、若い人はほっこりした岐阜弁を率先して使ってほしいですね。

（2018年3月23日掲載）

かさ高く重い引き出物

「関西人はお値打ち好き」と思っていませんか？ ここには二つの間違いがあります。まず関西人には、「ケチでちょっといけずな京都人」「ええもん安買ってなんぼ。人情の大阪人」、そして「おしゃれで気取ってる神戸人」とかなり性格が異なります。「京の着倒れ、大阪の食い倒れ、神戸の履き倒れ」というのも、着物なら任せて！ 和服文化の京都、粉もん大好き食文化の大阪、舶来好き洋服文化の神戸、をよく言い表していますね。

そしてもう一つは「お値打ち」という言葉。言葉そのものは標準語ですが、東海と関西では微妙に使い方が違うようです。東海地域の「お値打ち」には、「そのものの価値以上の価値があるのに、安い」というニュアンスがあって、特価品とか安物という意味ではなく、どちらかというと「お買い得」という意味合いですよね。そういえば以前、買い物調査をした時、全国と比較すると、東海の食品の購入額は、全国平均よりも安いのに、購入量が多い傾向がみられました。量が多く重いことに「お値打ち」と感じる地域性と感じました。

そして何でもかさ高い。同僚が誕生日にかなり大きく重い包みをくれたので、人でも入ってるのかと思ったら、ナント掛け時計でした。誕生日に掛け時計とは!! これにはかなり驚きましたが、ありがたく今でも研究室で使っています。

また卒業生の結婚式での引き出物の大きさと重さといったら！ 岐阜県の引き出物（引き菓子な

ども含む）の平均金額7200円は全国平均の6400円よりも高く（※）、東海地域の派手な結婚式は今でも健在です。最近はカタログから好きなモノを選ぶ方式が増えていますが、岐阜に来て間もない頃は、さすが陶磁器生産日本一、スープ皿やコーヒーカップのセットなどがいっぱい入っていて、大きくて重い！しかも軽い物もかさ高く、開けてみるとかつお節・乾燥ワカメ・お茶漬けの袋がわんさか。

ただ引き出物は当人たちの思いが詰まったプレゼント。最近はカタログで自分が選ぶので、誰の結婚式だったか、はたまた香典返しだったかも分からないありさまなので、中部ならではの、かさ高く重い引き出物も今となっては懐かしいですね。

結婚式つながりでこの地域の不思議には、「菓子まき」という習慣も。また高山の結婚式では有名な「祝い唄」（めでた）に遭遇しました！「めでた」が出るまで席を立っちゃダメといわれて、皆が一斉にうたい出すけど知らなくて焦りましたが、ここはじっと聞き入ることにしました。次は一緒にうたいたいです♪ 地域の伝統っていいですね！

（2018年7月27日掲載）

※ゼクシィ結婚トレンド調査2017より

郡上おどり

徹夜、すごいエネルギー

7月に入ると夏休み間近。夏休みと言えば盆踊り! そう日本三大盆踊りに、郡上おどりが入っています（ほかは徳島の阿波踊りと秋田の西馬音内《にしもない》盆踊り）。普段、岐阜県人はもの静かで控えめなのに、毎年7月中旬から9月上旬までの約30夜にもわたる日本一長い盆踊り。しかも8月13日から16日は「徹夜おどり」。どこからそんなエネルギーが出てくるのか不思議ですね〜。

盆踊りは500年もの歴史を持つ民俗芸能で、鎌倉時代の庶民派仏教の念仏信仰が元と考えられます。芸能と信仰が結び付いた一遍の「踊り念仏」、日本史で習いましたね。それが踊りに重点が置かれた「念仏踊り」になって、奈良や京都などで盆踊り（風流踊り）が生まれ、江戸時代に各地の原型ができ、町衆から村落共同体へと担い手が移っていきます。踊りは庶民の娯楽の一つでした。

ただ京都で盆踊りをした記憶は、ほとんどありません。最近はいくつかあるようですが、京都の盆踊りは、これっというものは都市部では見当たらないような気がします。高校生の時、五山の送り火で「妙法」を間近で拝み、炎で顔が熱くなり、麓の涌泉寺で1306年に始まったとされる日本最古の盆踊り「題目踊」（京都市の無形民俗文化財）を見て「さし踊」の輪に入って踊り、帰りになぜか犬に太ももをかまれた記憶しかありません。一方、郡上おどりは400年もの歴史があり、やはり念仏踊りなどが起源とされています。1600年ごろに郡上藩主が士農工商の融和を図るため、それまでバラバラだった踊りを盆祭りの夜に集めて、盆の4日間は身分の隔てなく無礼講で踊ることを奨励したため盛んになったといわれています。郡上は城下町だったので、多くの旅芸人が訪れたためか、踊りのバリエーションが豊富で、現在10曲もあります。それが、今でも徹夜おどりが続いている理由かもしれません。約30万人もの参加者があり、8割は県外。しかし、うち愛知県が5割弱と多いので6割近くが日帰りです。日帰り客の6割は1万円未満しか使わない（※）ので、ここは泊まりがけで来てほしいですね。

と偉そうに言いながら、実は恥ずかしながらまだ郡上おどりに参加したことがありません。学生が長良川鉄道に乗って徹夜おどりに行って、雑魚寝をしようと誘ってくれますが、とてもそんな元気はなく…。とりあえず参加章手ぬぐいと、お湯を注ぐと踊り子の形をした餅がクルクル回ってかわいい「踊りしるこ」を買いました！

ネットで動画を見て練習してから今年こそ…。と思っていたら、京都市役所辺りで盆踊りをしていたので、珍しいと思って飛び込みで踊ってみたら、ナント京都岐阜県人会主催の郡上おどりでした！えーっ、京都で郡上おどりとは。ということでとりあえず郡上おどりは経験済み？

（2018年7月13日掲載）

※中小企業診断協会岐阜県支部の報告書より

人出や迫力、驚きの連続

岐阜の夏と言えば、やはり花火大会！　いやぁ岐阜人は花火好きですよね。あんなに大々的な花火大会が長良川で2回もあることが最初理解できず、雨天順延かと思っていました。そしてどちらも35万人もの人が来るというから、驚きです。岐阜人は盆踊りといい、夏に出番が多いですね。

京都では、ほとんど花火大会には縁がありませんでした。というか市内では、鴨川も高野川も花火をするには川幅が狭過ぎます。大学生の頃からか宝ケ池で唯一、「乾杯の夕べ」という花火大会を想像しにくい名前で、花火が遠くで上がっているのを見たことがあるぐらいです。

ただ友人の家は16世紀からの銃砲火薬店で、織田信長が日本で初めて鉄砲を使った桶狭間の戦いの時に鉄砲を製作したというから驚きです。戦後から花火の打ち上げも手掛けているそうで、琵琶湖の花火においでよとよく誘ってくれました。

さて、そんなこんなで全国の花火大会も気になって今シーズンの回数を調べると(※)、北海道は広いせいか、126回と最も多いですが、次は愛知54回、岐阜53回と、岐阜は3番目に花火大会が多いって知ってました？　しかも静岡37回、三重32回と東海の夏は花火大会だらけです。

京都は宝ケ池を除くと北部の海辺でしか開催されていなくて9回しかありません（京都が海に面していることを知らない人多し）。関西は、兵庫は49回ですが、大阪7回など少なめです。関東も千葉は44回ですが、東京22回と、東海ほどではありません。少ないのは沖縄4回、鳥取5回、徳島

6回。ということは、海の有る無しはあまり関係ないようです。

岐阜に来て最初の夏に花火大会に行きました。初めての花火大会で、いまひとつ流儀が分からず、せっかくだからと夏の着物である絹地の「絽《ろ》」に帯まで締めて張り切って出掛けましたが、まだ日が高くかなり暑いうちから場所取りをするのには驚きました。どんだけ待つの？？？と思っていたら、パぁ～ンと広がる花火が素晴らしかったのは言うまでもありません。ただナント言っても驚いたのが鼓膜と心臓が破れるかと思うほどの真上からの爆音と灰がいっぱい落ちてくること。ひぇ～着物が～。そしてお手洗いの長蛇の列と帰りの大混雑。ほうほうの体で夜中にたどり着きました。

それ以来、大学の正門（門はないですが）近くの小さな橋の上から近所の人たちと静かに見ています。結構見えますよ～。

（２０１８年8月10日掲載）

※KADOKAWAのネットサイト「ウォーカープラス」より

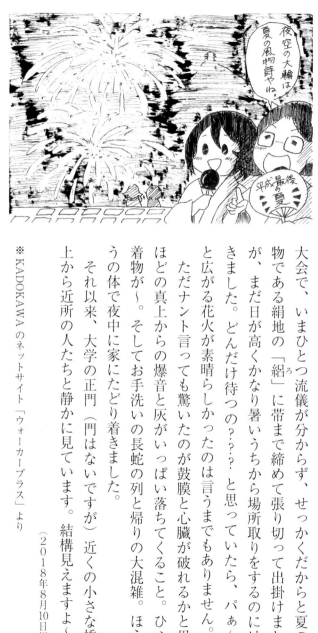

合計館数136は全国5位

岐阜でいいのは、美術館や博物館がいつもすいていて快適に見られること（嫌みじゃないです～）。ありがたいですが、経営的にはよろしくないのでしょうね。現在改修で休館中の県美術館のルドンコレクションは世界有数、前田青邨、熊谷守一、川合玉堂など岐阜県ゆかりの超大物作家の名品もあり、所蔵品は4千点以上。こんなにすごいのに観覧者数は年間約20万人。もったいない！

でも、京都や東京での展覧会は人を見に行っているようで疲れます。東京は特に、良いものが多いのか、はたまた文化に飢えているのか、やたら並んでいるわ、入場料が高いわで、行かなくなりました。昨年入場者数1位の「ミュシャ展」（東京）約66万人、2位の「国宝展」（京都）約62万人。多過ぎです。ちなみに集客が10万人以上の岐阜の施設は木曽三川公園、養老公園、岐阜ファミリーパーク、アクア・トトぎふ、百年公園、花フェスタ記念公園、セラミックパークＭＩＮＯ、牧歌の里、飛騨の里。屋外好きですね。

では、岐阜人は文化に関心がないのでしょうか。イヤイヤ。文科省の調査では、岐阜の歴史博物館（類似を含む）は１１５館もあり全国4位、美術館数は21館で6位、合計数でも5位（長野、北海道、東京、新潟の順）。東京は人口も観光客も多いので分かります。長野や北海道は観光地な

のでこれも納得。岐阜は人も多くないし、観光客もさほど多くないのに歴史博物館は東京よりも多いという不思議。文化が生活に密着していて、地元愛が強いからでは？ 入場者数も大事ですが、身近度で測るのも大事ですね。

ちなみに県美術館長は東京芸術大美術学部長の日比野克彦さんですが、岐阜大教育学部付属中学校の出身。10年ほど前にゼミ生がかわいいバッジを付けていたので、「ええやん！」と言うと「日比野さんのですよ。先生、知らないんですかぁ～モグリですよ！」と言われました。何のモグリかは分かりませんが、その後、段ボールアートを見て認識を新たにしました。学生は私の知恵袋。

ただ美術館や博物館は結構疲れるので、最後の方は椅子に座ってばかり。大人用三輪車とかに座って回れるといいのになぁ～。海外では、必ずカフェやレストランがあってホッコリできます。現在リニューアル中の県美術館も、これまでのレストランがすてきなカフェに改修されるそうで、これは楽しみ。

（2018年11月30日掲載）

持ち家率75%、同居多い

岐阜に来て25年。ずっと賃貸の学生アパートに住んでいると言うと、結構驚かれます（一番驚いているのはアパートの学生?）。下宿しているゼミ生と、同じアパートの同じ階になったこともありますが、風邪をひいた時などは、食べ物をドアノブに掛けてくれたりと、何度も助けられました。どっちが先生だか…。

これまで数回、学生と社会勉強?がてら、住宅展示場へ見学に行きましたが、金額が大きすぎて実感が湧かず、ちょっといい物件は1000万円、2000万円アップと聞いているうちに、100円、200円の差に思えてきて、値段が高くなっても平気になるから恐ろしい。ただ一生借金を背負わないと買えないなんて、日本の住宅は高過ぎです。学生アパートは気楽で居心地いいし、荷物を増やさずに済むし（増えてるけど）、引っ越しが面倒だし…と、そうこうしているうちに月日が過ぎてしまいました。

あまりによく驚かれるので調べてみると、岐阜県民の持ち家率は約75％で全国7位の高さです。なるほど。家を買う人が多いのですね。土地が広いのもありますが、同居が多いのも理由のようです。

実は岐阜人は1人暮らしの割合が全国で3番目に低く、1世帯当たりの人数は6番目に多いのです。三世代世帯数も全国11位。仲良しですね。なので必然的に65歳以上の1人暮らしも少ないのです。どうりで。最近よく、高齢期の家計と生活について話す機会があるのですが、その時、「1人暮らしは寂しいと感じるかもしれないけれど、男性は8人、女性は5人に1人の割合なので、周りに友達はいっぱいいます！」と説明しても、キョトンとした感じでした。尋ねてみたら、なんとその会場に1人暮らしの人は誰もいませんでした。京都は1人暮らし率が全国2位、65歳以上の1人暮らし率は7位と高いので、これにはびっくりしました。

また、岐阜人は貯蓄額も7位と高いのですが、これは同居率が高く、人生最大の買い物である住宅を買わず、負債の9割を占める住宅ローンを組まなくてよい人が多いからでしょうか。何はともあれ暮らしにゆとりがあるようです。

ただ高齢者で商品やサービスを買って、だまされるなどの被害に遭った金額は全国平均よりも16万円も高いので、ここは同居が多い利点を生かして、せっかくためた大事な虎の子を無駄にしないよう注意が必要です。そして人生120年。自分のお金は最後まで死守しましょう！

（2018年12月14日掲載）

中核市の中では多い数

私はケチなので、美容室で髪を切るために多額のお金を払うことにどうしても抵抗があります。持っているものを「なくす」ためにお金を払ったのに、また1カ月もすると同じ状態になってしまうというのが、どうも納得できない、オシャレにはほど遠い人間です。きっと学生の方がお金をかけています。しかも癖毛なので、結構高い美容室でカットしてもらっても、安い所でカットしてもらっても大差ない（ような気がする）からなおさらです。またすごくオシャレなカットでも、うまくセットができないので、次の日にはいつもの自分に戻っているというのも悲しい。そしてせっかちなので、美容室に長い時間、座っていられません。カットは20分が限界と常々思っているので、パーマはとてもじゃないですが、長過ぎて無理です。

そんなこんなで、いつも安くて速くて上手な所を探しているのですが、岐阜は理美容室が多いと感じました。調べてみると、岐阜県は理美容室数も理美容師数も全国では真ん中あたりなのですが、中核市の中でみると、岐阜市は理美容室数は8番目と比較的上位。そして理美容師数は2番目に多いのです。つまり理美容室も多いですが、それに加えて1軒当たりの理美容師数が多いことを意味しています。

しかも家計調査によると、県庁所在地でみる理美容費は年間約4万4千円で東京、富山に次いで第3位。そしてその内訳は、理髪料もパーマもカット代もさほど高くないのに、毛染め（ヘアマニキュアやヘアカラー）が含まれる「他の理美容代」が東京に次いで2位でした！ びっくり。毛染め代が他より高いとは思えないので、岐阜市民は染める回数が多く白髪の人が少ないということでしょうか。

ちなみに岐阜市民の私は白髪があっても、皮膚にアレルギーがあるので染められません。以前知らずにカラーリングをした後、かぶれただけでなく、どんどん抜けてしまい、少なく、短くなってしまったのには泣けました。ちょうど誕生日祝いをくれると言う母にウィッグ（かつら）を頼みましたが、私以上にケチな母いわく、「勝手に短くなってくれるとは！ カット代が浮いてよかったやん」。前向き過ぎです。

抜け毛から何とか脱した今もカットは大学近くの安く・速く・腕が良いお店か、出張先で1080円のお店を見つけては、おっちゃんたちと並んで10分で切ってもらっています。問題なし！

（2019年1月25日掲載）

岐阜ならではの不思議

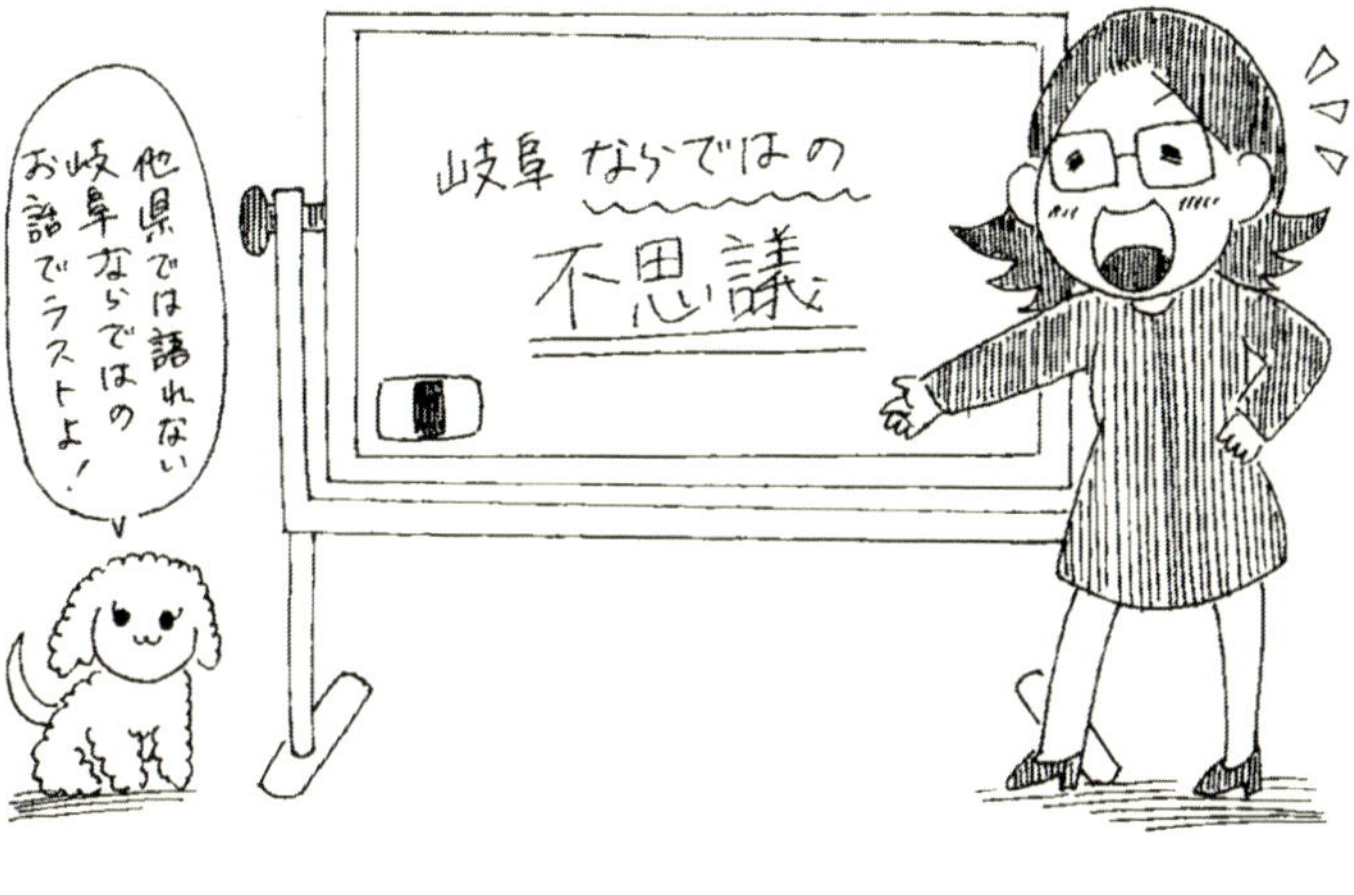
岐阜ならではの
不思議
他県では語れない岐阜ならではのお話でラストよ！

都市の真ん中に大自然

岐阜で好きな場所は、金華山と長良川の壮大な眺めです。こんな大自然が都市のど真ん中にあるのは珍しい。さすが日本三大清流の一つ。私の実家は京都の高野川べりにありますが、整備され川本来の流れからは遠ざかっています。

ある夏の日、長良川べりの旅館で母と鮎を食べながら川を眺めていると、1人のおじいさんがスタスタと歩いてきて、服を脱ぎ出すではありませんか！　びっくりして体を乗り出して見ていると、脱いだ服を頭にくくりつけ、海（川？）水パンツ一丁で対岸に向かって泳ぎ出しました。

えーっ!!　大丈夫？　ご存じのように長良川は結構深く、流れも速い。毎年、水の事故が絶えません。もはやおじいさんが心配でオチオチ鮎を味わっていられません。怖くて直視できないけど、おじいさんがちゃんと対岸にたどり着くのかが心配…。どうなの？　どうなる？　そうこうしているうちに、私の心配をよそに、おじいさんは慣れた感じで対岸に上がって、頭の上にくくりつけていたタオルでさっさと体を拭いて、何事もなかったように服を着て立ち去ったのでした。はぁ〜。緊張がどっと緩み、鮎を食べようと思ったら、知らない間に食べ終わっていました。もったいない！

そう、岐阜に来て驚いたのが長良川での水浴です。夏休みに学生から「泳ぎにいきましょう！」と誘われて、今から海？ それともプール？ と思ったら、ナント長良川でした。学生曰《いわ》く、泳ぐと言ったら川だそうです。長良川は1998（平成10）年に「日本の水浴場55選」、2001（平成13）年に「日本の水浴場88選」に選ばれた唯一河川の水浴場。生活に根ざしているのですね。

ただ長良橋両岸にある陸閘《こう》（増水時に閉めて市街地に水が流れ込まないようにする）や、大学近くの小学校の壁の3階あたりに「長良川の堤防の高さ」と書いてあるのを初めて見た時は驚きました。また教科書でしか知らなかった輪中を見て感動しましたが、大雨が降った後の長良川の怖かったこと。まっ茶色で上流からタイヤやら机やら、ありとあらゆるモノが怒濤《どとう》のごとく流れていました。それを見た時、岐阜に来てすぐ、県の川懇談会の座長をした時のことを思い出しました。川と環境問題の話を得意げにしていたら、お年を召した委員から「岐阜で一番大事なのは治水だ」と言われ、その時はピンときませんでしたが、あの荒れた長良川を見た時、川と共に歩んできた岐阜の歴史と現実を実感しました。

川には穏やかな時と荒れた時がある。あの夏の日のおじいさんは、そんな長良川のことをよく知っているからこそ悠然と泳いでいたのですね。

（2018年5月4日掲載）

石を売る店

名品、無造作に並び驚き

　随分前に読んだ、男性が多摩川の河原の石を拾ってきて川べりで売るという、何ともシュールな漫画が強烈で今でも覚えていますが、後で、つげ義春の「無能の人」の中の「石を売る」という短編だと知りました。

　石と言えば、京都の竜安寺の石庭は、15個の石を配した枯山水の方丈庭園です。どの位置から眺めても必ずどこか一つの石が見えないように配置されています。石はチャート（放散虫というプランクトン化石でできた層状の地層を成す）、山石、緑色片岩が使われているそうですが、まだ石が鑑賞できる境地には至っていません。

　岐阜に来て、大学の近くに近畿以外で唯一西国三十三所の33番札所があるとのことで、谷汲の華厳寺へ行った時のこと。とにかく参道のお店の昭和色が強く、今どきよくぞ残っていると驚いていたら、なんと石を売るお店を発見したのです！　板の上に石がポツンポツンと無造作に置いて（売って？）あるのを見た時、漫画を思い出しました。見ると、石の中にきれいな白い菊の花がパアッと開いていました。そう、「菊花石」は、本巣市と山県市との境にある初鹿谷に分布する、玄武岩質火山岩類の中の限られた部分だけから産出する鑑賞石（水石）で、指定区域にあるのは国の特別天然記念物です。水石の中でも紋石という部類に属する名品らしく、偽物も多いとか。見る目がないので安いのも高いのも決断できず買えずじまいでした。

それから岐阜の石が気になりだしました。母は市川雷蔵が好きで映画の舞台にもなった「中山七里」（下呂市）を見てみたいと言うのでＪＲ高山線で訪ねましたが、美しい渓谷にかなり不思議な形をした石や岩。手前の飛水峡には国の天然記念物で固い岩をつぼ状に削り取ったポットホールが８００個以上も続いています。また近くには約20億年前の日本最古の石（上麻生礫《れき》岩）も発見され、加茂郡七宗町には「日本最古の石博物館」が、かなり不思議な外観で建っています。中は石だらけ（当たり前）。ちなみに日本地質学会選定の「県の石」には、飛水峡や金華山を構成するチャートが選ばれています。

そう言えば大学のごみ捨て場に行く途中に、地学の関係者が採取して使わなくなった石がゴロゴロと置いてある場所があり、いつもドアストッパー用に借りていましたが、よく見ると「他山の石」と書かれたプレートが刺してありました。おっと、さすが岐阜大学！　石から学ぶこと多し。

（２０１８年11月16日掲載）

名水や瓢箪、広める価値

「養老」と聞けば、若い人なら「焼き肉」、中高年なら「居酒屋」を連想するでしょうか？「養老の滝」伝説（「養老孝子源丞内《げんじょうない》の会」が「孝子物語」を発行しています）は、小さい頃から日本中の人が知っているお話。以前、ゼミ生が養老出身ということで、一緒に養老の滝に行きました。３月だったせいか、人もまばらでロープウエーに乗ろうとしたら老朽化で中止になっており、残念！ヒイヒイ言いながら滝まで来ると、水しぶきと神聖な風を感じ、すがすがしい気分になりました。すごく有名な場所なのに、人が少ないのと商売っ気がないのは、毎度岐阜人ならではです。

さて地元の読者の皆さんに養老の滝について今更説明する必要はないと思いますが、奈良時代の元正天皇が「霊亀」から「養老」と改元したのが西暦７１７年で、「養老改元１３００年」にあたりイベントもたくさん。一時製造中止になっていた「養老サイダー」が、これを記念して17年ぶりに復刻されており、１本２８０円で販売しています。この水は、養老町にある日本名水百選「菊水泉」の源泉が使われています。かつては「西の養老、東の三ツ矢」と称されたそうなのでもっと宣伝しなきゃ。他にも「孝子物語」にちなんで「養老線親子フリーきっぷ」として10センチほどの瓢箪《ひょうたん》がついているかなりかわいい１日フリー切符を限定１３００個２千円（ここは１３００円にして欲しかった！）で発売しました。

せっかくなので瓢箪を買って帰ろうと、近くのお店に立ち寄りました。小さい瓢箪で作られたのれんが欲しかったのですが、非売品だったか、高かったかは忘れましたがとにかく手が出ず、結局無難な七味入れと無病（六瓢）息災でちっちゃい瓢箪が６個ついているストラップを買いました。

今も目の前に瓢箪がぶら下がっています！　かわいい！　元々は実用的なものなので、瓢箪の水筒とかを売ったら売れるんじゃないかと思うのですが。そういえば金華山登山道に「木下藤吉郎と千成瓢箪」という看板があって、秀吉の馬印である「千成瓢箪発祥の地」とあります。岐阜ってやっぱりすごい。

そして学生の身内が養老で旅館をしているとのことで、学生と泊まることに。気楽に頼んだはいいけれど、行ってみると、国登録有形文化財に登録された旅館。とても格調高く立派で恐縮しました。通していただいたのは近代日本画家竹内栖鳳の書がかかっている「袖の間」。広間には有栖川宮熾仁親王の書がかかっていました。素晴らしい‼　そして初めて瓢箪の漬物を食べました。これがまた小さくてかわいい。神奈川産でしたが、地元の高校生が漬物製造に挑戦しているようなので、ぜひ販売してほしいです。改元１３００年。これを機に養老と瓢箪をもっと広めたいですね。

（２０１７年11月17日掲載）

雪国

スキー場の数、全国上位

最近よくテレビ中継しているフィギュアスケート。女の子の憧れですよね。小学校の体験学習がきっかけで私もスケートのとりこになりました。渡部絵美選手が全盛期。毎朝5時起きで授業前の2時間、放課後も午後9時まで練習に明け暮れました。中学1年の時、バイクの後ろに乗っていて交通事故に遭い跳べなくなったので、アイスダンスに転向して続けたほど好きです。

その頃「ある愛の詩」という米映画で、屋外リンクで滑る恋人たちを見て、うらやましく思いました（恋人たちではなく屋外リンクを）。岐阜に就職が決まった時、屋外で滑れる！と真っ先に思ったものです。岐阜市内は屋内リンクでしたが（今は残念ながら閉鎖）、屋外が唯一恵那にあります！ただアイススケート場は全国で200ほどしかなく、世界的選手が多い割にフィギュア人口は少ないのです。愛知県は七つあり盛んなのに、岐阜人はスケートをあまりしないようです。

ではスキーは？冬のこの時期、まだ真っ暗な朝4時ごろ、住んでいる学生アパートの駐車場が騒がしくなり、抑え気味の弾んだ声と共に車が出て行くのを夢うつつに聞き、遅刻気味の学生もこんな時は早起きだわ、とつぶやきながら再び寝入ります。スキー場数の全国トップ3は北海道、長野、新潟。岐阜も上位に入ります。岐阜県のスキー、スノーボード人口は全国14位ですが、20以上のスキー場が身近にあり、日帰りできるのです。スキーは夜行バスで出掛けるものだと思っていたので、日帰りで楽しむ学生を見ると、やっぱりここは雪国だと実感します。

スキー初体験は、またもや小学校の体験学習で、京都からは滋賀県のマキノスキー場でした。借りた道具がなんと竹製のストック、革靴と木のスキー板だったと学生に言うと、「何時代ですか?」と引き気味。その後、大学を滑った時（おっと。今の時期、禁句ですね）、スキー好きの叔母が「この際、本当に滑りに行こう!」と長野に連れて行ってくれました（超前向きの母の妹なのでこちらも前向き）。リフトの乗り方を教えてもらっている時、突風が吹き、目の前でリフトのワイヤが外れ、宙づりになる人やバラバラと落ちる人が…。「こんなことはめったとない」と叔母は諭してくれましたが、それ以来スキーは行けず。でもストックもリフトも進化しているようなので、屋外スケートともども日帰り雪国、岐阜を楽しまなきゃですね。

（2019年2月22日掲載）

名古屋に近いのに静か

岐阜に赴任して25年目となりました。最初、岐阜大学の公募用紙を見た時、恥ずかしながら岐阜がどこにあるのか分からず父に聞くと、「おっ岐阜はいいぞ！　しかも近いぞ！」といわれて地図を確認しました。えっ京都の隣の隣じゃない！（岐阜県民の皆さん申し訳ありません）。

でも、国立教育政策研究所の調査では、小学生で岐阜県の位置を知っているのは44・2％と下から9番目に低いのです（いい訳でした。しかも私は小学生ではありません）。

赴任当初、まだJR岐阜駅が新しくなる前、道を渡るとすぐに豊橋行きに乗れたのは便利でした。ただ方向音痴の私は、初めて名古屋に行く時、豊橋行きの電車が名古屋に止まるのか分からず、ホームで並んでいる人に、「これ名古屋に止まりますか」と聞いて、かなり驚きと哀れみのまなざしで見られ、静かに「名古屋に止まらない電車なんてないですよ」と言われたのでした。

名古屋まで18分という、あまり知られていない驚きの近さが、岐阜県を昭和のにおいが残る場所にしてくれている半面、岐阜県人の他府県への通学・通勤割合が全国で8番目に高くもしています。そして、通勤先の9割超が愛知県です（十六総合研究所調べ）。

岐阜県は日本のど真ん中。北に行くにも、南に行くにも、とても便利なゆえんでしょう。ただ岐阜は名古屋と競争してはいけません。私は人混みが苦手なので、滅多《めった》に名古屋で買い物はしません。これからはネットの時代。都会の喧噪《けんそう》は名古屋に任せて、岐阜は名古屋に近いのに静かで住むのに最適な心落ち着く場所とPRしたいですね。

ただ最初、岐阜駅に降り立った時、人がほとんど歩いていなくて風がヒューっと吹き、木の葉がクルクル舞っているのを見て、一瞬「大晦日《みそか》？」と思いましたが、今では超混雑した京都や名古屋から戻ってくると、この静けさにホッとします。

岐阜県の高校生は8割が県外に進学し、県内は2割を切ります。反対に岐阜大学の入学者の約5割が愛知県出身者で岐阜県人は3割強です。何か寂しいですね。ぜひ地元の大学に来てほしいものです。

岐阜の大学の売りは何と言っても、最近キレイだけどオフィス化している名古屋の大学にはない、自然豊かで広大、しかも坂のないキャンパス！（これ重要です。遅刻ギリギリでも走れば間に合います）。

岐阜大学を例に取ると、学生数約7300人プラス教職員約3千人。約1万人が毎日暮らす一つの町です。サボってない限り学生だけでも4千人ほどが毎日、愛知から岐阜にやって来るのだから、大学の経済効果をもっと考えなきゃですね〜。

（2018年6月1日掲載）

駐車場が広くて安い！

感激して2台分借りた

京都から岐阜に来て、感動したのが駐車スペースの広さです。スーパーも駅前の駐車場もかなりゆったりとした駐車スペースがあります。運転が下手な私でも、何度も切り返さずに駐車できます。

駐車場のスペースは、国土交通省の指針や通達基準をもとに、各自治体が条例で決めているようです。指針では、普通車の最低駐車スペースを、長さ5メートル、幅2・3メートルとしています。京都も大阪も名古屋も国土交通省の指針通りでした。一方、岐阜市の普通自動車の駐車マスの規模は、なんと長さ5・5メートル、幅2・5メートル以上となっていました！（大学は5メートル×2・1メートルと節約型?・）。私が広くて止めやすいと感じたのはもっとものことだったようです。

また、岐阜は駐車場代が安いのも素晴らしい！　京都では、家に駐車場がなく、近くの駐車場を借りていました。自転車で5分の所しかなく、雨の時など、何のための車なのかよく分か

らず、ぬれながら車まで自転車をこぎました。しかも月9千円もしたのに、駐車場に入る道は狭く、幅も狭く、10回以上切り返さなくては駐車できず、車に乗るのも一苦労。これに懲りて少し広いスペースの所に変えましたが、これがまた自転車で15分もかかる上に、2万円という驚きの高さで、タクシーを使った方が断然安いと思ったものです。

岐阜に引っ越した時、アパートの駐車場が1台3千円と言われ、感動のあまり思わず2台分借りた覚えがあります。その後必要ないので1台にしましたが…。今でも大学周辺は3千円が主流です。月決め駐車場の費用（※）は岐阜は平均4573円で全国43位、岐阜市でも5479円で39位です。金額が高い地方も多い中、岐阜はかなりの安さです。

もっと素晴らしいのが、新幹線の駅前なのに駐車場が安いことです。安い所で最近24時間300円も出現！　硬貨のみで前払い制の所も。硬貨がなくて慌てたらちゃんと自動販売機が置いてあり、いらないのに缶コーヒーを買って両替しました。商売上手！　ただ「家計調査」によると、自宅以外の駐車場代は岐阜市は全国で8位。世帯当たりの車の普及台数は岐阜県は全国5位なので、どうやら家用の駐車代は安くても、どこへでも車で行くのが当たり前なのか、結局駐車代をたくさん支払っているようですね。

（2017年9月8日掲載）

※ http://www.car-hokengd.com/saving-jiji/tukigime-parking/#i-3

タクシーはどこ？

深夜の運転代行は多い

岐阜に来て困ったことの一つに、流しのタクシーが走っていないことがあります。待てど暮らせど、タクシーが通りません。タクシー会社の乗り場があることに気付くのも遅かったのですが、そこにも運悪く誰もいなくて、ポツンと電話だけが置いてあったことも。

岐阜市の1世帯当たりのタクシー代は全国41位でナント年間約3千円。使ってませんねぇ。岐阜駅から大学まで2500円ほどするので、海外出張からの帰りで、大きな荷物と時差ぼけでヘロヘロの時以外は、なかなか乗れません。1回乗れば、岐阜人の年間支出額になってしまいますし。ただ、初乗り運賃は全国29位で平均よりも低いようです。

タクシー（個人を含む）の台数は京都は観光地なので約9千台ありますが、岐阜は約2200台で全国28番目。初乗り運賃に連動しているのでしょうか。その代わり東海地域はトヨタのお膝元なので、自動車保有台数は愛知がダントツの1位、岐阜は18位ですが、世帯あたり自家用車の普及台数は、岐阜は1・6台で5位と、やはり車社会ですね。

もう一つ驚いたのが運転代行の存在です。夜遅くなると、柳ケ瀬の辺りに、タクシーのようでタクシーでない、ちょっと小型の似て非なる車が多く止まっています。岐阜に来て初めて見ました。そもそもお酒を飲みに来るなら車に乗ってこなきゃいいのに、と思うのは間違いでした。岐阜県は広いので、公共交通機関がない所も多く、遅くまで飲んだら、終バスには間に合いません。

ではタクシーで帰ればいいと思いきや、会社に車で来ているし、次の日、仕事に行くのが困るということで、タクシー以外の選択肢として運転代行があるのですね。

２００２年から「自動車運転代行業の業務の適正化に関する法律」が施行されており、業者数も台数も近年増加しています。警察が認定している運転代行の会社数は、京都が36社（うち市内が８社）に対して、岐阜は１１１社（岐阜市が23社）と圧倒的に多いです。

しかし2回目で見たように、岐阜人は外食の中の飲酒代は全国46位とお酒への支出額が少ないのに、運転代行社は多い…。うーん。謎です。見方を変えれば、ほんのちょっとでも飲んだら、ちゃんと運転代行を頼んで帰る、優秀な県民性といえますね！

（２０１７年８月25日掲載）

路面電車

時代に逆行、残念な廃止

今回はちょっと残念な岐阜の話。小学生だった頃、京都にはまだ市電（路面電車）が街を走っていました。京都の市電は日本初で１８９５（明治28）年に開業され、私が覚えているのは、上半分がクリーム色で下半分が緑色の車両ですが、１９７８（昭和53）年、高校生の時に廃止されました。電車好きの先輩は泣いていました。授業をさぼって最後の市電に友人と乗りに行ったのを覚えています。

それが１９９４（平成６）年に岐阜に来たら、レトロでかわいい赤いスリムな路面電車がコトコトと走っているではありませんか！　さすが岐阜人はちゃんと残しているんだ。先見の明があると感動したものです。その頃はすでに環境問題が大きく取り上げられていましたし、世界的に見るとドイツをはじめ、ヨーロッパでは多くの国や都市で路面電車が環境の視点からも、次世代の足として見直され、残す方向で進んでいたのです。

もともと路面電車はアメリカで19世紀前半にその原型があったとのことですが、１８８１年にベルリンで登場したのをきっかけに各地で普及。ドイツでも一時は車社会の進展から、路面電車は時代遅れとされ廃止が進みましたが、環境とコンパクトシティーの考え方から復活し、今では路面電車は環境先進都市の象徴とも言えます。

さて、岐阜に来た時に驚いたのが、車を運転していると、電停（安全地帯）がないため突然道の真ん中に人が立っていたり（夜はお化けかと最初は度肝を抜かれました…）、電車の前を知らずに走っていて、右折時に信号で止まっていたら、電車専用信号があるらしく、すごい音で警笛を鳴らされて泣きそうになったり。電車に乗る時は、車の間を縫って死に物狂いで乗るこの方法、おかしくない？と思いましたが、それでもあのスピード感とかわいさは斬新でした。岐阜大学まで通っていると、便利だよね～とよく学生と話していたものです。

そんな路面電車も、経営面や交通の便など、さまざまな理由から徐々に廃止に。地球環境が大きな問題になっているこのご時世に、全面廃止という、時代に逆行する結末を２００５（平成17）年に迎えました。これはかなりかなり残念でした。

最近はカーシェアリング（自動車の共有）など、車の所有や利用に変化が生じていますし、過度の自動車社会を抑制すべく、次世代型路面電車（ＬＲＴ）も出現していて、車と共存できると議論もされています。

今も長崎や広島のような大都市でさえ路面電車が走っているのを見ると、もう少し長い目で進歩について考えられれば良かったのに…と、勝手ながら一岐阜県民として残念に感じている次第でございます。

（２０１８年6月29日掲載）

岐阜の路面電車は
もう風景印の中でしか
見れなくなったね～。
大丸サツキ

JAバンク

新鮮農作物を安く直売

大阪で大学院の学生だった時、大学前にあまり見掛けない銀行があり、何かの振り込みに行ったら、ここでは扱えないとかいわれて、不思議に思ったことがあります。その後、岐阜大学に就職が決まり、アパートを決めた後、家賃の振込先が農協だったのには驚きました。そういえば、大阪の大学前にあったのと同じだと思い出しましたが、京都の実家の近くには見当たらず、物を知らないので、農業をしていないけど、これからどうする？ どこで見つければいい？ と不安に思ったのを覚えています。

しかし岐阜に着任すると、至る所にあるではありませんか！ やはり場所が変わると、当たり前ですが金融機関もかなり違うのですね。農業が盛んな所だから農協が多いわけです。JAバンクの店舗数は岐阜県は全国でも多く265店ありますが、京都は97店と少ないのです。そしてもっと驚いたのが、店舗内で何やら売っていること。お米を売っていたら買おうと思って見てみると、肥料とか、農作業用のシートなどが販売されていました。残念！

その後、店舗の敷地内に直売所を持っている所もあり、最近はファーマーズマーケットとオシャレに名乗っている場所も結構多いことを知りました。1990年代に愛知県でブームになったそうで、全国的に2003年から直売所の促進に力を入れているとか。

大学の近くにも「おんさい○○」というのがいくつかあります。実は私は最初、勝手に「おんや

さい（温野菜）」を売っているのだと思い込んでいました。しかし行ってみると温野菜はなく、「魚介の日」だとかで、魚が売っていました。どういうこと？ しかもやたらと同じ名前のお店があるので不思議に思っていたら、これは美濃地方の「おいでなさい」という方言だと、かなり後になってから教えてもらいました。早く言ってよ！

ところで直売所数は、北海道が１０３店で1位、２位はブームの先駆けとなった愛知県が94店、岐阜県は40店で15番目ですが、京都府は14店と少なく、京都市内に直売所はないので、いつも家族に自慢しています。やっぱり地元の農家の人が作ってくれたおいしい野菜たちを新鮮かつ安く買えるのっていいですよね。と、ほんわかしていたら、可児の直売所の売り上げは約10億円で全国１５００以上ある直売所の中で35位とのこと。ひえ～新鮮野菜、侮れない！（魚介もあるけど）

（２０１８年12月28日掲載）

ドラッグストア

商圏は6000人で激戦地

「ドラッグストア」。今や当たり前ですが不思議なお店です。薬屋さんとは異なります。ウン十年前、中学1年生の英語の教科書にこの言葉が出てきたのを今でも覚えています。文面では、ドラッグストアでノートを買ったか、お菓子を買ったかあやふやですが、薬でなかったのは確実で、何で薬屋さんでそんなもん売ってるんだろうと、かなり不思議でした。

1901(明治34)年に初めてシカゴでドラッグストアができ、1950年代には日用雑貨を販売するようになり、現在のドラッグストアの原型ができます。日本では長らく個人経営の薬局や薬屋さん中心でしたが、今は少なくなりました。70年ごろからドラッグストアが設立され始め、近年急速に増えています。ドラッグストアとは、「医薬品と化粧品、日用家庭用品、文房具、フィルム、食品等の日用雑貨を取り扱うお店」(※)だそうですが(フィルムも今や売ってない?)、2017年度には売り上げがデパートとほぼ並び、店舗数も1年で859店も増えています。

実は岐阜に来るまで、ドラッグストアというものを見たことがありませんでした。店舗数も売上高も、京都府は岐阜県より少なく、最近やっと京都市内にも出店しだした感じです。岐阜は幹線道路沿いには、特にやたらとありますね。

岐阜発祥のお店もあり、福井、石川、愛知の4県は業界内で「関ケ原」と言われるほど全国一の激戦区とか! 1店当たりの商圏人口は全国平均約1万人に対して、岐阜は約6千人。大学の周り

にあるいくつものドラッグストアの駐車場はいつもどこも空いています。大丈夫？ と心配になります。

なのに食品が安い！ 近くのスーパーでモヤシが1袋18円だったので、学生に自慢げに「日本の中のアジアかと驚いたわ」と話したら、「先生はまだまだですね～ドラッグストアでは8円ですよ！ そして日本はアジアの一部です」と言われました。

そのとおり！ ドラッグストアには、薬や日用雑貨は当然のことながら、冷凍食品だけでなく野菜、パン、はたまた肉まで売っているのです。そして何度も言いますが安い。これは医薬品と化粧品が高い粗利を稼ぐため、食品を安くできるそうです。

ただし店舗数が多すぎるのか人手不足からか、岐阜のドラッグストアの万引被害額は2018年7月末までで、すでに4071万円と全国ワースト2位。県内の万引被害総額の75％を占めるそう。これはイカン。モヤシ508万袋分です。キチンと払いましょう。

（2018年10月19日掲載）

※日本チェーンドラッグストア協会のHPより

超ローカル満載が魅力

岐阜に来て生活を始めた時、アパートに中日新聞が購読の勧誘に来ました。東海地域では大手ですが、関西ではほとんど知られていないので、「野球はよく分からないので…」と断ったら、「この人、大丈夫?」という怪訝《けげん》な顔をされました。新聞の名前からてっきり野球専門紙だと思っていました。学生にそのことを言ったら驚きの表情で新聞社が球団を持っているのだと諭されました。土地が変われば新聞の名前すら知らないとは、と自分の無知は棚に上げて驚いたものです。

生まれ育った京都では、京都新聞という地方紙のシェアが約3割と最も高く、全国紙は各紙1割強です。このように地方紙のシェアが1位を占めているのは全国で30府県にも上ります。特に福井や徳島は7割も占めています。地元愛が強いですね。一方、全国紙が1、2位を独占するのは大都市を中心に関東5、関西4と山口の10都府県。あれ?岐阜は?東海地域はというと、三重は中日新聞のシェアが高く、地方紙は低くて、あとは全国紙なのですが、岐阜は岐阜新聞と合わせて、全体の約3分の2を占め、3位の全国紙は6%ほどと低めです(※)。このような不思議な傾向は全国でも唯一。名古屋に通勤している人が多いため中日新聞の影響が強いと考えられますが、大阪に近い京都人も頑張っているので、岐阜新聞をもっと読んでほしいですね。

そして地方紙の売りは、何といっても地元のニュース。岐阜新聞にも「同窓会をしました」と写真入り(しかもカラー!!)で大きく紹介されたり、市町村役場で働く人の情報が連載されていたりと、かなりの地元ネタに時々驚きますが、超ローカルニュース満載というのが地方紙ならではの特徴です。加えてシニア向けや子ども向けの記事も多く、新聞のすみ分けがはっきりしています。

最近は新聞を取らず、ネットで済ます学生も多いですが、ネットは瞬時にニュースを得られたり、関心のある分野のニュースに特化して知るのには適していますが、新聞は全体像が見渡せるのがやはり1番の良さ。関心外のニュースも目に入ってくるのがいい。特に地方紙は、提供される情報範囲がミニコミ誌よりも広く、ブロック紙や全国紙より狭い。

私は始末屋ですが、新聞は3紙取って読み比べています。ただ風邪でちょっとでも寝込んだりすると、見る見るうちにたまって新聞に追い掛けられる日々が…。かといって読まないのはもったいないので、うかうか病気にもなれません。新聞を持ち歩き、せっせと講義で使えそうな記事を切り抜き、気になる記事はもう一度ネットで調べたりと使い分けています。毎日、紙面いっぱいの情報。記者の皆さん、ご苦労さま。

（2018年9月7日掲載）

※日本ABC協会「新聞発行社レポート 普及率」（2017年1～6月）より

明智つながり

光秀ゆかりの地が多い

岐阜県は、2020年のNHK大河ドラマ「麒麟《きりん》がくる」で盛り上がっています。主人公の明智光秀と言えば「本能寺の変」ですが、前半生の史料はほとんどなく、謎に包まれているとか。

出生地や父親の名前には諸説あり、美濃源氏の流れをくむ戦国武将の土岐元頼と山県市中洞の豪族の娘との間に生まれたとされる伝承では、身ごもった母親が「たとえ3日でも天下を取る男子を」と祈ったとされる「行徳岩」(同市の武儀川)や光秀の墓と伝わる「桔梗《ききょう》塚」(同市中洞)があります。

恵那市明智町には明知城跡や「明智光秀産湯の井戸」があり生誕地とされるほか、明智城跡がある可児市や、さらには大垣市上石津町多良もまた生誕地とされるなど、岐阜県には光秀ゆかりの地が多いようです。

県を挙げて「麒麟がくる」推進協議会(ネーミングが堅い!)を設立するほどの力の入れようです。さすが「美濃を制する者は天下を制す」と言われただけのことはあります。ただ岐阜人は、いつも岐阜の良さに気付くのが遅い！ ドラマ化される前にもっと自信を持って宣伝してほしいですね～。

岐阜に来た時、明知鉄道や明智町があると聞いて不思議に感じました。というのも、祖母の出身の丹波国南桑田郡馬路村（現・京都府亀岡市）は、光秀と関係があったと聞いていたからです。丹波国は、１５７５年に織田信長から光秀が攻略を任され、79年に平定し、80年に信長より丹波を与えられ、光秀の領国となった地です。光秀が築城した亀山城（亀岡城）や愛宕山に参拝する時に通ったとされる「明智越え」、光秀の首を葬ったとされる谷性寺（桔梗寺）もあります。「本能寺の変」は82年なので、その直前に過ごした場所と言えます。

また岐阜大学に就職が決まった時、祖父母が「ご先祖さまは岐阜の安八の出身なので、戻るんだねぇ」と言っていた記憶があります。源氏とかの時代の話なので不確かですが。京都人だと思っていた私は、岐阜人としての歴史の方が古かったのです！

さて、そんな私が再び（？）岐阜の地に来て、不思議に感じたことを50回にわたって書いてきました。当初は10回ほどのつもりでしたが、出るわ出るわ。実はまだまだあるのですが、とりあえずいったん終了。２年間、お付き合いいただきましてありがとうございました！ また私的「岐阜人の不思議」をためておき、パワーアップして皆さんに会える日を楽しみにしています♪

（２０１９年３月22日掲載）

あとがき

私は岐阜に来るまで、京都を離れたことがなく、のほほんと暮らしていました。大学受験で浪人したり、大学在学中にイギリスに行ったり、大学院に進学したりと何かと時間がかかりましたが、博士課程でもなかなか論文が仕上がらず、在学期間ギリギリの6年間通ったりで、就職できた時は、友人達より10年も遅く32歳になっていました。初めて京都から出て1994（平成6）年に岐阜大学に赴任すると、かなりの文化の違いに戸惑いと楽しさの連続で、居心地よく過ごしていたら、アッという間に四半世紀が過ぎてしまいましたが、私にとって岐阜人は今でも不思議であふれています。

岐阜県の会議で、岐阜新聞社の箕浦さんとは長くご一緒させて頂いてい

ましたが、ある日、会議が終わってから、「何か岐阜にまつわることを書きませんか」とお誘いを受けました。２０１３（平成25）年に「シニア世代の家計術」という連載（12回）を書いていたのを読んでくださっていたようです。何を書こうか迷いましたが、岐阜に来て不思議に感じたことを専門の家計の視点から書こうと思い、10回ほどのつもりで書き始めました。せっかくなのでイラストがあった方がいいと思い、絵の上手なゼミの卒業生に頼みました。貴重な土日に、２週間に1回、私の文章を読んでからイラストを描き続けてくれました。とても構図が上手で、毎回私が何の着ぐるみになるのかが楽しみでした。イラストあってのエッセーだったと感謝しています。今回、本にするにあたって、表紙や中扉など、年度末の忙しい時にたくさんのイラストを描いてくれました。本当にありがとう♪

「岐阜人の不思議」というタイトルなのに、途中から岐阜の不思議や、不思議でも何でもない、単なる観光案内みたいな回もあり、ある人には「大藪さんの私小説を楽しみにしているよ」と言われたこともあります。そうですねえ。徐々に私小説のようになってしまい、反省しきりです。ただ毎回、書くのが楽しみでした。読者の方からも感想や叱咤激励のお手紙を頂きました。実はまだまだ書きたいことはあるのですが、とりあえず2年間で50回になったのでいったん中断することにしました。別の委員会でご一緒させて頂いた岐阜新聞情報センター代表取締役社長の山本さんから、「本にされてはどうですか」とお声がけいただいたことがきっかけで、これまでの原稿を本にすることにしました。プッシュしてくださってありがとうございました。

最初お声掛けしてくださった箕浦さんはスタートから1年間の担当だったのですが、誉め上手で、箕浦さんの感想が楽しみで、推敲もせずに子どものように、「こんなの書いてみました！」と送りつけていました。担当でなくなってからも、毎回感想メールをくださるのが次の原稿の原動力になりました。また2年目から担当頂いた井上さんは、いつもデータのチェックを入念にしてくださり、ゲラになってからも何度も修正する私に「これったです。

が最後ですよ～」と言いながらも根気強くつきあってくださいました。デ

スクの沢野さんとも、いくつかの会議でご一緒して、「一ファンです」と言

ってくださったのが嬉しく、励みになりました。また出版するにあたって、

岐阜新聞情報センター出版室の浦田さんには大変お世話になりました。皆

さん、ありがとうございました。岐阜出身の友人にも事前に読んでもらい、岐阜人サイドの意見を聞くことができたのはとても参考になりありがたかったです。

最後に、掲載されるたびに、記事にもよく出演する京都の母に新聞を送っていましたが、京都と岐阜の違いを楽しみに読んでくれたことに感謝です。また「岐阜人の不思議」をためておき、そのうち、「続・岐阜人の不思議」として登場するかも？　なので、その時はまたどうぞごひいきに‼

平成31年3月15日　57歳の誕生日に♪♪

ちほ先生が見た　岐阜人の不思議

発行日	2019 年 5 月 24 日
著　者	大藪千穂
発　行	株式会社岐阜新聞社
編集・制作	岐阜新聞情報センター 出版室
	〒 500-8822
	岐阜市今沢町 12 岐阜新聞社別館 4 階
	電話　058-264-1620（出版室直通）
印刷所	岐阜新聞高速印刷株式会社

※価格はカバーに表示してあります。
※乱丁本、落丁本はお取り替えします。

ISBN978-4-87797-271-4 C0095